FACULTÉ DE DROIT DE MONTPELLIER

LE
RÉGIME DOUANIER
DE LA TUNISIE

LA LOI FRANÇAISE DU 19 JUILLET 1890

LE DÉCRET BEYLICAL DU 2 MAI 1898

THÈSE POUR LE DOCTORAT

Présentée et soutenue le   décembre 1898

PAR

J. CHAUDIER
LICENCIÉ ÈS SCIENCES
LICENCIÉ EN DROIT

MONTPELLIER
IMPRIMERIE SERRE ET ROUMÉGOUS, RUE VIEILLE-INTENDANCE
—
1898

THÈSE

POUR

LE DOCTORAT EN DROIT

UNIVERSITÉ DE MONTPELLIER

FACULTÉ DE DROIT

MM. VIGIÉ, Doyen, Professeur de Droit civil, chargé du cours d'Enregistrement.

BRÉMOND, Professeur de Droit administratif.

GIDE, Professeur d'Économie politique, en congé.

LAURENS, Professeur de Droit civil, chargé du cours de Législation notariale.

GLAIZE, Professeur de Procédure civile, chargé des cours des Voies d'exécution et de Législation financière.

LABORDE, Professeur de Droit criminel, chargé du cours de Législation et Économie industrielles.

CHARMONT, Professeur de Droit civil, chargé du cours de Droit civil dans ses rapports avec le Notariat.

CHAUSSE, Professeur de Droit romain, chargé du cours de Pandectes.

MEYNIAL, Professeur d'Histoire du Droit.

BARDE, Professeur de Droit constitutionnel.

DECLAREUIL, Professeur de Droit romain, chargé du cours d'Histoire du Droit public français.

VALÉRY, Professeur adjoint, chargé des cours de Droit commercial et de Droit international privé.

PERREAU, Agrégé, chargé du cours de Droit civil approfondi.

BROUILHET, chargé d'un cours d'Économie politique et d'un cours de Législation financière.

GARIEL, chargé d'un cours d'Économie politique et du cours d'Histoire des doctrines économiques.

MOYE, chargé du cours de Droit international public.

GIRAUD, Secrétaire.

MEMBRES DU JURY :

MM. CHARMONT, Professeur, *Président.*
CHAUSSE, Professeur, ⎫ *Assesseurs.*
BROUILHET, Chargé de cours, ⎭

FACULTÉ DE DROIT DE MONTPELLIER

LE
RÉGIME DOUANIER
DE LA TUNISIE

LA LOI FRANÇAISE DU 19 JUILLET 1890
LE DÉCRET BEYLICAL DU 2 MAI 1898

THÈSE POUR LE DOCTORAT
Présentée et soutenue le   décembre 1898

PAR

J. CHAUDIER
LICENCIÉ ÈS SCIENCES
LICENCIÉ EN DROIT

MONTPELLIER
IMPRIMERIE SERRE ET ROUMÉGOUS, RUE VIEILLE-INTENDANCE
—
1898

À LA MÉMOIRE

DE MON PÈRE ET DE MA MÈRE

AVANT-PROPOS

Le Protectorat de la France sur la Tunisie vient d'entrer dans une phase nouvelle. Par une série de conventions successivement conclues avec les diverses puissances européennes pendant les années 1896 et 1897, la France a su dégager le régime commercial tunisien de l'influence étrangère, et, libre de toute servitude extérieure, elle peut enfin poursuivre à sa guise son œuvre de colonisation dans l'ancienne Régence.

Le traité du Bardo — 12 mai 1881 — n'accordait guère à la France qu'un droit d'occupation militaire et un droit de représentation extérieure : la Tunisie, ruinée par les folles dépenses des derniers beys, administrée par un gouvernement sans énergie et sans autorité, abandonnée depuis longtemps par le Sultan, son suzerain purement nominal, était devenue, suivant l'expression caractéristique de M. Leroy-Beaulieu, « un communal européen ».

La Commission financière internationale, établie pour sauvegarder les intérêts des porteurs de titres tunisiens, surveillait les recettes beylicales et prélevait la part des créanciers sur les taxes les plus productrices et les plus faciles à percevoir. Négligeant toute réforme utile de peur d'apporter un léger dommage, fût-il momentané, aux intérêts qu'elle représentait, la Commission traitait la Régence « comme un commerçant failli, dont on liquide le fonds de commerce » (1), et la conduisait à une ruine complète.

Le Régime des Capitulations, faussé dans son esprit, ne servait pas seulement à soustraire des chrétiens à la partialité et à l'imperfection des tribunaux musulmans, mais il permettait surtout de faciliter l'établissement des étrangers. Les consuls, tout puissants, avaient en outre étendu les immunités de ce régime à de nombreux protégés indigènes, et pour faire échec à l'administration tunisienne, ils couvraient les plus graves abus.

Enfin, des conventions commerciales, obtenues facilement de la faiblesse et de l'insouciance beylicales, établissaient en faveur de l'importation étrangère des tarifs très légers, tandis que la production indigène, soumise, à l'intérieur du pays, à de nombreuses taxes, arrêtée à la sortie par des droits excessifs à l'exportation, se lassait peu à peu et renonçait à tout progrès.

En présence de cette triple servitude, notre souveraineté en Tunisie était bien restreinte, le champ de nos réformes singulièrement limité. Dix-sept années d'efforts patients et continus ont été nécessaires à la France pour briser ces obstacles.

La Commission financière internationale n'avait plus sa raison d'être, si la France couvrait de sa garantie la dette tunisienne ; par la loi du 10 avril 1884, « le gouvernement de la République française s'engageait à garantir

(1) Fouché. — Thèse 1897. De l'évolution du protectorat de la France sur la Tunisie, p. 71.

un emprunt à émettre par le Bey, pour la conversion ou le remboursement de la Dette consolidée et de la Dette flottante » (1). Peu après cette déclaration, les pouvoirs de la Commission financière expiraient, et la France procédait en Tunisie à la réorganisation des finances (2).

Les Capitulations, qui reposaient sur des traités conclus par la Tunisie et les nations chrétiennes avant l'établissement du protectorat, n'ont été abrogées qu'après de longues et délicates négociations diplomatiques. Le principal privilège, la juridiction consulaire, fut abandonné par les diverses puissances — mais suspendu seulement pour l'Italie — dès les premiers jours de 1884, par suite de l'organisation de la justice française en Tunisie (loi française du 27 mai 1883 et décret beylical du 5 mai 1883) ; mais les autres immunités dérivant du Régime des Capitulations, abolies en fait à la même date, n'ont été supprimées en droit que par les traités de 1896 et 1897 (3).

Malgré ses luttes contre l'influence étrangère, la France ne négligeait pas à l'intérieur son œuvre civilisatrice : elle rétablissait l'ordre, répartissait l'impôt d'une façon plus équitable et en réglementait la perception, elle améliorait l'ancienne administration par l'adjonction du contrôle civil ; en un mot, elle exécutait loyalement le pro-

(1) Bompard. — Législation de la Tun'sie, p. 473.

(2) Sur cette question, on peut consulter : *Revue des Deux-Mondes*, 15 février 1877 : Les Débuts d'un Protectorat. — La Tunisie 1896, t. II, p. 212 et suivantes. — *Revue générale des Sciences :* L'Œuvre administrative de la France en Tunisie 1896, Levasseur, p. 1182. — L'Algérie et la Tunisie, Leroy-Beaulieu (1897).

(3) Consulter les ouvrages précédents, et en outre : G. de Pougnadoresse : La Justice française en Tunisie. 1897 ; Fouché, op. cit.

gramme des réformes administratives, judiciaires et financières qu'elle avait inscrit dans l'article 1er du traité du 8 juin 1883.

Cependant l'œuvre de la France n'était pas encore complète : les conventions commerciales conclues jadis par la Régence avec les puissances étrangères étaient un obstacle à son union douanière avec la Métropole. Notre diplomatie a dû lutter pendant dix-sept années pour réaliser l'indépendance économique de la Tunisie; depuis le 1er janvier 1898, la France et son protectorat africains peuvent régler à leur guise leurs rapports commerciaux, et la souveraineté métropolitaine est enfin proclamée libre de toute servitude.

Le voisinage de la Tunisie, son rapide et brillant développement, ont provoqué de nombreux ouvrages sur notre possession préférée. Outre les traités spéciaux, des thèses récentes ont exposé l'évolution de ce protectorat (1) et l'organisation de la justice française dans ce pays (2).

Nous essayons, à notre tour, d'ajouter une pierre à cet édifice monographique, par l'étude du régime douanier de la Tunisie.

(1) Fouché. — De l'évolution du protectorat de la France sur la Tunisie. Paris, thèse 1897.

(2) De Pougnadoresse. — De l'organisation de la justice française en Tunisie. Montpellier, thèse 1897.

LE

REGIME DOUANIER

DE LA TUNISIE

INTRODUCTION

DES RAPPORTS DOUANIERS DE LA FRANCE ET DE SES COLONIES

Au début d'une étude critique de l'évolution douanière de notre protectorat tunisien, il nous paraît utile d'indiquer rapidement les résultats des diverses doctrines douanières appliquées à notre époque en matière coloniale, en nous plaçant surtout au point de vue des rapports commerciaux de la France et de ses colonies.

L'expérience du passé nous fournira des renseignements précieux sur la valeur des systèmes employés ; elle nous permettra de poursuivre plus sûrement notre œuvre

colonisatrice en Tunisie et d'y établir un nouveau régime
commercial sans compromettre sa prospérité.

Dans la deuxième moitié de ce siècle, la France, éten-
dant à ses colonies les théories économiques qui diri-
geaient sa propre politique douanière, leur a successivement appliqué les doctrines diamétralement opposées de
l'autonomie et de l'assimilation.

§ 1er. — DE L'AUTONOMIE DOUANIÈRE

Le régime de l'autonomie douanière est le régime de
l'indépendance économique de la Métropole et de ses colonies : maîtresses de leurs tarifs, elles suivent la politique
commerciale qui paraît le plus conforme à leurs intérêts ;
la prospérité de l'une n'est rattachée par aucun lien.à la
prospérité de l'autre, il n'existe entre elles qu'une solidarité politique.

L'Angleterre seule a pratiqué cette doctrine d'une
manière absolue ; l'acte du 28 août 1846 a autorisé ses
colonies à taxer ses produits comme les produits étrangers, et de même, depuis 1860, les produits des colonies
anglaises ne jouissent en Angleterre d'aucun traitement
de faveur.

La France, au contraire, même sous le régime le plus
libéral institué par le sénatus-consulte du 4 juillet 1866,
n'a jamais pu se plier complètement aux conséquences
rigoureuses de l'autonomie ; et, à une époque où les idées
libre-échangistes étaient en honneur, elle n'a accordé à
ses colonies l'indépendance absolue qu'à l'égard des nations

étrangères, réservant à ses produits un traitement privilégié.

Sous ce régime, les tarifs de douane atteignaient
seulement l'importation étrangère, mais les produits métropolitains étaient soumis à l'octroi de mer comme les
produits étrangers. Les Conseils généraux des colonies
jouissaient de pouvoirs plus étendus en matière d'octroi
de mer qu'en matière de douane ; ils fixaient librement
leurs tarifs d'octroi de mer sans que le gouvernement
français eût à intervenir, ils votaient aussi leurs tarifs de
douane, mais ceux-ci devaient être rendus exécutoires
par décret de l'Empereur, le Conseil d'Etat entendu.

On sait que les Conseils généraux de nos trois grandes
colonies, la Martinique, la Guadeloupe et la Réunion,
auxquelles s'appliquait ce régime libéral, s'empressèrent
de voter la suppression de tous leurs droits de douane.

Les délibérations de ces Conseils généraux furent
approuvées par le Conseil d'Etat et rendues exécutoires
par décrets portant règlement d'administration publique,
pour la Martinique le 6 novembre 1867, pour la Guadeloupe le 25 avril 1868, pour la Réunion le 4 juillet 1873.

En revanche, les droits d'octroi, augmentés selon les
désirs et les besoins des Conseils généraux, dégénérèrent
en véritables droits de douane et frappèrent avec la même
rigueur les produits des nations étrangères et de la mère-
patrie.

Les suites de ce régime furent désastreuses pour notre
commerce et notre industrie : l'importation française dut
peu à peu céder la place à l'importation étrangère, tandis
que les produits coloniaux, protégés par des tarifs de

faveur, trouvaient dans la Métropole d'excellents débouchés. « A tous égards, dit M. Cauwès, le sénatus-consulte de 1866 eut des conséquences funestes. La marine anglaise se substitua à la nôtre dans l'intercourse coloniale. Les étrangers ont pris en grande partie notre place dans le commerce avec nos colonies. Avant le changement de régime, de 1857 à 1866, nous exportions pour 230 millions dans nos possessions et nous en recevions environ 150 millions. En 1883 (l'Algérie exceptée), les produits de la Métropole vendus aux colonies n'ont pas dépassé 74 millions ; ceux des colonies fournis à la France se tiennent à 140 millions ; mais les produits achetés par nos colonies aux pays étrangers se sont élevés à 130 millions, et elles leur ont envoyé 91 millions. La France reste donc pour ses colonies le plus grand marché d'exportation, mais notre production a cessé d'être pour elles la principale source d'approvisionnement » (1).

On cite souvent l'exemple de l'Angleterre, qui accorde à ses colonies l'indépendance la plus complète ; mais cette nation, par sa supériorité navale et industrielle, lutte victorieusement contre les autres puissances sur le marché colonial : le libre-échange est le stimulant de sa production et la source même de sa souveraineté commerciale aux divers points du monde. Par la colonisation, elle ne cherche pas à établir une solidarité économique ou à assimiler des indigènes, mais elle a l'unique souci de répandre au loin son influence nationale. L'Angleterre doit même défendre sa doctrine d'indépendance douanière

(1) Cauwès. — Cours d'Economie politique, 1892, 3e édit., t. II, p. 628,

contre ses colonies, dont les représentants, réunis, en juin 1894, à Ottawa (Canada), ont formulé des vœux pour obtenir des droits protecteurs dans la Métropole vis-à-vis de l'importation étrangère.

Cependant, ces dernières années, en présence de l'extension du protectionnisme en Europe et aux Etats-Unis d'Amérique, la conception d'une fédération de l'Empire britannique s'est développée dans l'esprit du peuple anglais. M. Chamberlain, dans un discours retentissant, a proposé, le 6 novembre 1895, « un Zollverein impérial qui établirait le libre-échange ou un régime voisin dans l'intérieur de l'empire et laisserait chacun de ses membres libres de traiter comme il lui conviendrait les marchandises importées des pays étrangers » (1). Cette uniformité douanière imposée à des pays de doctrines commerciales si diverses est une restriction remarquable, nécessitée par les théories économiques actuelles, à la large autonomie que l'Angleterre a l'habitude d'accorder à ses colonies.

D'ailleurs, l'histoire de la colonisation anglaise prouve que cette liberté, dans les relations commerciales, relâche peu à peu les liens qui unissent la Métropole à la colonie et conduisent cette dernière à l'indépendance absolue.

Or, la France actuelle ne poursuit la conquête de nouveaux territoires que dans le but de favoriser son développement économique et de trouver des débouchés à son commerce et à son industrie. Elle veut se réserver la

_____

(1) Extrait de l'art. de M. Pierre Leroy-Beaulieu : Les Colonies anglaises. *Revue des Deux-Mondes*, janvier 1897.

première place sur le marché de ses colonies et défendre contre la concurrence étrangère son domaine colonial, par les droits protecteurs établis sur le domaine métropolitain.

Les conséquences néfastes du sénatus-consulte de 1866 et le but de notre politique coloniale actuelle nous interdisent donc l'application, dans nos colonies, du régime de l'autonomie douanière.

§ 2.— DE L'ASSIMILATION DOUANIÈRE

Dans la doctrine de l'assimilation douanière, la colonie est considérée comme faisant partie du territoire métropolitain ; à ce titre, elle est liée au régime économique de la mère-patrie, dont elle applique les tarifs à l'importation étrangère. Les produits coloniaux sont exemptés de toute taxe douanière à leur entrée dans la Métropole, et les produits métropolitains pénètrent en franchise dans la colonie.

L'esprit de complète indépendance qu'avaient montré nos colonies sous le régime de la liberté commerciale et les plaintes légitimes des négociants et des industriels français, vaincus par l'étranger sur le marché de nos propres colonies, orientèrent la politique douanière de la France vers le régime de l'assimilation.

En 1884, le gouvernement obtint de nos possessions régies par le sénatus-consulte de 1866 le rétablissement partiel des anciens droits de douane ; mais les tarifs ainsi institués protégeaient insuffisamment l'industrie nationale et, variables avec les colonies, apportaient une incertitude fâcheuse aux relations commerciales.

Avant d'adopter une solution radicale, le gouvernement français voulut tenter de nouvelles expériences du régime de l'assimilation douanière dans nos deux grandes colonies, l'Algérie et l'Indo-Chine. Les résultats obtenus lui fournirent des bases sérieuses sur lesquelles il édifia la loi du 11 janvier 1892. Nous étudierons plus loin les effets de cette importante loi douanière qui englobe sous un même régime la France et les diverses parties de son domaine colonial ; mais, auparavant, nous devons insister sur l'histoire commerciale de l'Algérie : nos deux possessions nord-africaines, séparées l'une de l'autre par une simple ligne conventionnelle, présentent de trop grandes analogies dans leurs ressources et dans leurs destinées pour ne pas utiliser la longue expérience de l'Algérie dans nos futures réformes en Tunisie.

Nous exposerons aussi, brièvement, les résultats de l'application du régime de l'assimilation à notre protectorat indo-chinois.

a. *Evolution du régime commercial de l'Algérie.* — Pendant les premières années de l'occupation française, les colons, peu nombreux, n'exploitaient qu'une petite partie du sol, et leur commerce se bornait à approvisionner nos troupes d'Afrique. De 1838 à 1850, le courant d'émigration française devint plus intense, l'exploitation agricole s'étendit et fit de grands progrès ; mais les droits d'entrée élevés que la Métropole imposait alors à ses colonies paralysaient la production algérienne. Ces droits furent supprimés par la loi du 11 janvier 1851, qui accordait la franchise aux produits de l'Algérie. Les résultats de cette loi furent excellents : de 1850 à 1864, les importations s'élevèrent de 73 millions à 137 millions et les exportations passèrent de 10 millions à 108 millions (1). Les premières avaient doublé, les secondes avaient décuplé.

Nous verrons de même que la loi du 19 juillet 1890, qui a accordé la franchise à une quantité limitée de la production tunisienne, a imprimé un vigoureux essor au commerce de notre protectorat.

Les théories libre-échangistes proclamées vers 1864 par nos hommes d'Etat et nos économistes furent bientôt appliquées à l'Algérie. Le 20 juin 1865, dans un discours célèbre, Napoléon III disait : « L'Algérie doit être ouverte à tous les produits du globe, sans barrières de douane », et la loi du 17 juillet 1867 transformait en réalité cette affirmation économique.

Malheureusement, l'importation étrangère ne tarda pas à se substituer à l'importation française en Algérie, comme dans nos autres colonies ; tant il est vrai que les faits se chargent bien souvent de démontrer la vanité des idées séduisantes, parce que la théorie suppose toujours un état idéal, et que la pratique du libre-échange n'est possible qu'avec des activités commerciales identiques, des aptitudes industrielles égales !

En 1884, M. Peulevey se fit devant le Parlement le défenseur des négociants français ; il demanda l'application à toutes nos colonies du régime de l'assimilation douanière. Si, pour l'ensemble de notre domaine colo-

---

(1) Ces nombres sont empruntés à l'ouvrage de M. Leroy-Beaulieu: L'Algérie et la Tunisie. 2ᵉ édit., p. 162.

nial, l'établissement de ce régime fut ajourné, pour l'Algérie, la solution fut immédiate : la Chambre des députés, par l'art. 10 de la loi des finances du 29 décembre 1884, prononça l'assimilation.

L'importation française en Algérie a augmenté depuis cette époque; elle a atteint les chiffres suivants (1) :

1884	146.700.000	francs
1885	167.600.000	»
1886	189.100.000	»
1887	153.200.000	»
1888	173.600.000	»
1889	178.600.000	»
1890	194.800.000	»

Dans l'examen de ce tableau, il faut observer que le commerce algérien est très variable avec les années et suit les fluctuations des bonnes et des mauvaises récoltes. Ainsi, l'année 1887 a été à la fois une mauvaise année agricole et une mauvaise année commerciale.

Les importations d'Algérie en France ont suivi ce mouvement ascendant et se sont élevées de 102 millions en 1884 à 208 millions en 1890.

Les nouveaux tarifs de douane, votés par la Métropole en 1892, ont été appliqués à l'Algérie dans toute leur rigueur; ils ont encore diminué l'importation étrangère au profit de l'importation française, et, après le léger trouble qu'apporte toute modification douanière dans le régime économique d'un pays, le commerce algérien a

(1) Nombres empruntés au *Bulletin de Statistique et de Législation comparée* (Contributions indirectes), t. X, 1892, p. 707. (Commerce spécial).

repris sa marche ascendante. En 1894, le chiffre des marchandises importées par la France en Algérie s'est élevé à 199 millions sur une importation totale de 265 millions. La part de la France a été, la même année, de 214 millions sur une exportation de 266 millions (1).

L'expérience est donc concluante pour l'Algérie : au point de vue commercial, la Métropole a pu se substituer à l'étranger sans entraver le développement de la colonie.

D'autre part, les produits algériens, exonérés de tout droit à leur entrée en France, recherchent nos marchés ; les céréales, le bétail, et surtout les vins d'Algérie, y luttent avec succès contre les produits similaires étrangers.

Le régime de l'autonomie douanière a établi entre la France et l'Algérie cette réciprocité d'intérêts qui est le but de la politique coloniale actuelle.

b. *L'assimilation douanière en Indo-Chine.* — Les heureux résultats obtenus en Algérie encouragèrent la France à continuer ses essais d'assimilation douanière. MM. Thomson et Waddington, députés, proposèrent, lors de la discussion de la loi des finances du 26 février 1887, l'insertion d'un article additionnel, qui rendait applicable en bloc, à la Cochinchine, au Cambodge, à l'Annam et au Tonkin, le tarif général de la Métropole. Cette proposition fut votée à la Chambre à une grande majorité, et au Sénat sans discussion, mais avec ce tempérament qu'un règlement d'administration publique

---

(1) Les Statistiques officielles n'ont pas encore fourni des renseignements précis sur le commerce algérien pendant les années postérieures à 1894.

déterminerait les produits qu'il y aurait lieu d'exempter ou de détaxer en Indo-Chine comme n'intéressant pas l'industrie et le commerce français.

Cette mesure, appliquée à partir du 24 juin 1887, produisit des effets néfastes sur la situation commerciale du pays. Les importations en Indo-Chine, qui s'élevaient à 60 millions en 1886, fléchirent à 47 millions en 1887, à 42 millions en 1888 et enfin à 32 millions en 1889 (1).

Cet échec désastreux est dû à une mauvaise interprétation du système de l'assimilation ; dans cette théorie, en effet, la Métropole se propose de protéger contre l'étranger le commerce, l'industrie et la production nationales ; mais elle ne peut avoir la prétention d'imposer des besoins identiques aux siens à des colonies de climat, de mœurs et de civilisation si variées ; or, le tarif de 1887 atteint un grand nombre d'articles d'origine étrangère et sans similaires en France, tels que le thé, les comestibles chinois, le café, le pétrole. Arrêter les échanges de l'Indo-Chine avec les pays d'Asie qui peuvent seuls offrir des débouchés au riz, principal produit de notre colonie, c'était ruiner le commerce indo-chinois et encourager la contrebande.

Pour mettre un terme à cette situation difficile, le gouvernement français corrigea le règlement du 26 février 1887 par le règlement du 9 mai 1889 qui dégrevait les produits n'ayant pas de similaires en France, et surtout les produits alimentaires. Cette sage mesure releva

(1) Chiffres extraits de l'art. de M. Bouchié de Bielle : *Journal des Economistes,* t. XVI, nov. 1893, p. 161.

le commerce indo-chinois : en 1891, l'importation dans
notre protectorat asiatique atteignit le chiffre de 67 millions.

La doctrine de l'assimilation douanière ne doit donc
pas toujours être appliquée dans toute sa rigueur ; le
législateur, avant d'établir un régime douanier, a le
devoir de s'inspirer de la situation économique particu-
lière de la colonie et d'apporter au tarif général métropolitain les exceptions légitimes.

c. *La loi douanière du 11 janvier 1892.*— Malgré les
avantages accordés au commerce français depuis 1884
par les colonies régies par le sénatus-consulte de 1866, le
commerce étranger occupait toujours la première place
dans notre domaine colonial. Ainsi, en 1889, alors que
la France importait pour 142 millions de produits de
ses colonies, le chiffre total de ses exportations vers les
mêmes colonies n'atteignait pas 74 millions. Au contraire, tandis que nos colonies n'envoyaient que pour
91 millions de produits à l'étranger, elles lui en achetaient pour 130 millions, presque le double de ce qu'elles
achetaient à la Métropole (1).

A ceux qui pouvaient croire que l'autonomie avait
diminué les dépenses coloniales inscrites au budget de
la mère-patrie, on peut opposer la déclaration de
M. Georges Pallain, directeur général des douanes,
devant le Conseil supérieur du commerce et de l'industrie en 1890, dans laquelle il évaluait à 40 millions le

---

(1) A. Rochette. — Etude sur les rapports commerciaux de la France et
de ses colonies, p. 99. — Thèse de doctorat. Paris, 1897.

chiffre des subventions allouées par la Métropole à ses colonies, sans compter les subventions indirectes, telles que la subvention sucrière, par exemple, qui s'élevait à 13 millions.

En 1889 et 1890, des Congrès, composés des hommes les plus compétents en matière coloniale (1), soutinrent par leurs vœux les revendications de notre commerce et de notre industrie : ils condamnèrent les dispositions du sénatus-consulte de 1866 comme incompatibles avec les théories économiques actuelles et les intérêts généraux de la colonisation française.

Les Chambres de commerce, les Chambres consultatives des arts et manufactures, les associations syndicales commerciales et industrielles, consultées par la Commission des Douanes en 1890, avaient été à peu près unanimes à protester contre l'état actuel et à réclamer l'application immédiate d'un système économique qui, d'une part, réservât à la production française le marché de nos diverses possessions et fît, par contre, cesser l'anomalie choquante qui consiste à traiter, à leur entrée dans la Métropole, les produits de la France d'outre-mer comme des produits étrangers (2).

Sanctionnant l'opinion unanime des Congrès scientifiques et des divers organes de la nation, le Parlement

---

(1) Compte rendu des séances et délibérations du Congrès international de Paris de 1889, p. 145 et suiv.

Recueil des délibérations du Congrès colonial national de Paris 1889-1890, t. III, p. 29 et suiv.

(2) J. Off. — Rapport de M. Thomson à la Commission des Douanes. Doc. parl. Ch. des dép. 1891, p. 897.

français se prononça en faveur du régime de l'assimilation par le vote de la loi douanière du 11 janvier 1892.

Cette loi, qui s'applique actuellement à toutes nos colonies, à l'exception de celles qui naissent à la vie commerciale, se résume dans les dispositions suivantes (1):

1° Les produits étrangers importés dans les colonies sont soumis aux mêmes droits que s'ils étaient importés en France. Toutefois, dans le but de tempérer ce régime absolu, des décrets, rendus en forme d'administration publique, peuvent déterminer les produits qui, par exception, feront l'objet d'une tarification spéciale. Les Conseils généraux ou d'administration seront appelés à donner leur avis sur les exceptions projetées et pourront prendre des délibérations pour en solliciter d'autres qu'un nouveau décret en Conseil d'Etat pourra leur accorder.

Les Conseils généraux sont ainsi dépouillés du rôle prépondérant que leur accordait le sénatus-consulte de 1866.

2° Les produits métropolitains et les produits originaires d'une colonie française ne paieront aucun droit de douane à leur entrée dans une colonie française.

3° L'octroi de mer, son mode d'assiette, ses règles de perception et son mode de répartition seront établis par délibération du Conseil général, approuvée par décret en Conseil d'Etat, son tarif sera voté par le Conseil général et rendu exécutoire par décret ou provisoirement par arrêté du gouverneur.

---

(1) A. Girault. — Principes de colonisation et de législation coloniale, p. 529 et 530.

On voit que les droits des Conseils généraux en matière d'octroi de mer sont sensiblement réduits.

4° Les produits originaires des colonies ou possessions françaises entrent en franchise dans la Métropole; certains produits, tels que les denrées coloniales de consommation, le sucre et ses dérivés, ne jouissent pas d'une franchise complète et sont soumis à un régime de faveur à la condition de l'importation directe et sur la production des certificats d'origine.

Telles sont les règles qui président aujourd'hui aux rapports commerciaux de la France et de ses colonies.

On peut, dès maintenant, apprécier les résultats de l'application de la loi du 11 janvier 1892. Dans un rapport sur la situation économique des colonies françaises (1), M. A. Turrel, député, cite pour l'année 1894 des chiffres que nous rapprochons, dans le tableau ci-dessous, des chiffres fournis pour l'année 1891 par les statistiques coloniales.

MOUVEMENT COMMERCIAL DES COLONIES FRANÇAISES
(moins l'Algérie et la Tunisie)

ANNÉES	ÉTRANGER	FRANCE	COMMERCE TOTAL
1891	220 millions	180 millions	400 millions
1894	259 —	213 —	472 —

On constate que sous le régime de la loi douanière de

(1) J. Off. — Chambre des dép. Sess. extraord. Doc. parlement., p. 1393 1895.

1892, le mouvement commercial s'est élevé de 400 millions à 472 millions, soit 72 millions d'augmentation.

De plus, le commerce de la France et de ses colonies a crû de 33 millions pendant que le commerce de l'étranger et des colonies françaises augmentait de 39 millions ; on ne peut donc reprocher à la nouvelle loi de fermer nos colonies au commerce des autres pays et de gêner leur développement économique.

Nous regrettons que le législateur de 1892 n'ait réalisé qu'incomplètement l'assimilation douanière de la Métropole et de ses colonies et qu'il n'ait pas admis la franchise réciproque et entière. Nous nous associons aux réclamations légitimes des colonies qui, par leurs représentants à la Chambre des députés, ont demandé la suppression totale des droits de douane sur les denrées coloniales à leur entrée en France (1). Le Parlement a le droit de compléter son œuvre, en brisant ces dernières barrières maintenues dans un intérêt purement fiscal ; il doit proclamer ainsi que la Métropole et la colonie ne sont que des portions diverses d'un même territoire, le territoire national.

(1) *J. Off.* — Chambre des dép. Sess. extraord. Doc. parlement, p. 147, 1893.

LE RÉGIME DOUANIER

DE LA TUNISIE

Le mouvement d'expansion coloniale qui caractérise la fin du XIXᵉ siècle a pour cause principale le régime économique des grandes nations civilisées. Dans cette guerre internationale de tarifs, qui les isole les uns des autres, chaque Etat demande à la colonisation des matières premières pour son industrie, des débouchés à ses produits arrêtés à la frontière par des droits protecteurs, et un placement plus rémunérateur de ses capitaux. Les rapports de la colonie et de la Métropole deviennent ainsi de plus en plus intimes ; à leur solidarité politique s'ajoute leur solidarité économique : la colonie est véritablement de nos jours l'Etat prolongé.

C'est pour s'adjoindre une alliée dans la lutte commerciale que la France s'est efforcée, depuis l'établissement de son protectorat, de réaliser son union douanière avec la Tunisie.

L'évolution du commerce tunisien est dominée par ce désir d'association économique des deux pays et se résume dans l'histoire de la loi douanière française du 19 juillet 1890 et du décret beylical du 2 mai 1898.

La loi du 19 juillet 1890, œuvre désintéressée de la France, a provoqué dans la Régence un merveilleux développement commercial. Cette loi fera l'objet de la première partie de cette étude.

Le récent décret beylical du 2 mai, réponse de la Tunisie reconnaissante à la Métropole, a accordé aux

produits français un traitement de faveur. La deuxième
partie de cette étude sera consacrée au commentaire de
ce décret.

Ces deux lois, complémentaires l'une de l'autre, établissent entre la France et son protectorat tunisien un
régime privilégié transitoire qui se transformera en union
douanière dans un avenir prochain.

PREMIÈRE PARTIE

LA LOI DOUANIÈRE DU 19 JUILLET 1890

———

CHAPITRE PREMIER.

Le régime douanier de la Tunisie avant 1890 '

Dès les premières années de ce siècle, des conventions et des traités avaient consacré les relations commerciales que la Régence de Tunis, plus pacifique que les Etats barbaresques voisins, entretenait avec les puissances européennes. Ces nombreux traités de commerce, qui rendaient un peu incertain le régime douanier de la Tunisie, furent précisés par la convention anglo-tunisienne du 19 juillet 1875, dans laquelle le Bey accordait aux produits anglais un droit d'entrée uniforme de 8 o/o *ad valorem* (1).

La clause de la nation la plus favorisée, inscrite dans quelques traités, fut, sans difficulté, étendue à tous les autres, et l'unique tarif conventionnel de 8 o/o *ad valorem* fut appliqué à l'importation des puissances étrangères liées à la Tunisie par un traité de commerce.

(1) Bompard. — Législation de la Tunisie, p. 466, art. 7. Paris, 1888.

§ 1er. — LE RÉGIME DOUANIER DE LA TUNISIE AU MOMENT DE
L'OCCUPATION FRANÇAISE ET L'ARTICLE 4 DU TRAITÉ DU
BARDO.

Comme les autres Etats, la France jouissait de ce traitement privilégié, de ce régime douanier simplifié à
l'excès par l'insouciance des beys, lorsque survinrent les
événements de 1881, suivis de l'établissement de notre
protectorat sur la Régence. L'abdication de la souveraineté beylicale en notre faveur autorisait-elle le gouvernement français à modifier à sa guise le régime douanier
de sa protégée, sans tenir compte des anciens traités de
commerce tunisiens ?

Les principes du droit international moderne, qui
reconnaissent à l'Etat protecteur le droit de souveraineté
externe dans l'avenir, la lui refusent dans le passé et
lui imposent l'obligation de respecter les traités et les
actes diplomatiques antérieurs à l'établissement du protectorat.

Aussi, pendant que le Bey prenait, dans le traité du
Bardo, l'engagement de « ne conclure aucun acte ayant
un caractère international sans en avoir donné connais-
sance au gouvernement de la République » (1), par
l'art. 4 du même traité « le gouvernement de la République française se portait garant de l'exécution des traités actuellement existants entre la Régence et les diverses puissances européennes »(2).

(1) Bompard. — Op. cit., p. 473, art. 6.
(2) Bompard. —   —   — · art. 4,

Par cette formule, la France s'engageait seulement à respecter la situation privilégiée acquise à l'importation étrangère et à ne pas modifier le tarif exceptionnel de 8 o/o à l'égard des puissances européennes.

On a prétendu que l'art. 4 ajournait toute amélioration douanière des rapports commerciaux de la France et de la Tunisie à l'expiration des anciens traités. Mais le traité anglo-tunisien de 1875 était perpétuel, et la politique coloniale moderne n'a-t-elle pas pour but essentiel la direction économique d'un pays par la puissance colonisatrice, à l'exclusion des puissances tierces ?

La solution adoptée par le gouvernement français a exercé jusqu'en 1890 une influence fâcheuse sur le développement commercial de la Tunisie. Ecartée en partie par la loi du 19 juillet 1890, cette solution a été un obstacle à l'union douanière de la France et de son protectorat jusqu'au 1ᵉʳ janvier 1898.

Nous nous proposons, dans la première partie de ce chapitre, de discuter les diverses interprétations de l'art. 4 du traité du Bardo et de dégager de la discussion de cet important problème la solution qui nous paraîtra la plus naturelle.

La majorité des auteurs qui se sont occupés de cette question déclare formel et général l'engagement du gouvernement français, et refuse à celui-ci aussi bien qu'à la Tunisie tout avantage commercial avant l'expiration des anciens traités.

M. d'Orgeval, en 1889 (1), après avoir constaté l'absur-

---

(1) D'Orgeval. — *Annales de l'Ecole des Sciences politiques* (1889), Le régime douanier de la Tunisie, p. 612.

dité d'une guerre de tarifs avec notre protégée, avoue « que la réforme du régime douanier ne peut s'opérer sans qu'il y ait lieu, soit de réviser le traité du Bardo, soit d'obtenir par la voie diplomatique une renonciation des puissances aux droits de l'article 4 ».

Plus récemment, M. Despagnet (1) proclame le maintien de toutes les conventions, même des Capitulations, conclues avec les puissances étrangères avant l'établissement d'un protectorat, jusqu'à leur abrogation par un traité ; et s'appuyant sur l'article 4, il conteste à la France le droit de modifier ses relations commerciales avec la Tunisie.

M. Pic (2) divise les traités conclus par le pays protégé, antérieurement à l'établissement du protectorat, en traités incompatibles avec les principes du droit public européen, tels que les Capitulations, et conclut qu'on peut les considérer comme abrogés dès l'organisation des juridictions appelées à statuer au nom de l'État protecteur; et en traités incompatibles avec les droits de l'État protecteur, et cite, comme exemple, les traités économiques qui le lient jusqu'à leur expiration. Pour lui, « le protecteur n'a que le bénéfice de la nation la plus favorisée, mais il peut assurer à ses nationaux et aux sujets du souverain protégé une situation privilégiée par des moyens indirects, tels que primes à la navigation et à l'exportation ». Solution singulière et peu franche, qui

(1) Despagnet. — Essai sur les Protectorats. Paris 1896, p. 385 et suiv.
(2) Pic. — Revue de droit internat. public, 1896 : Influence de l'établissement d'un Protectorat sur les traités antérieurement conclus avec les puissances tierces par l'Etat protégé, p. 613 et suiv.

accepte les effets d'un régime, mais pour les écarter par des expédients.

Enfin, le gouvernement français, depuis M. Barthélemy Saint-Hilaire en 1881 jusqu'à nos jours, a toujours acquiescé à cette interprétation étroite et pessimiste ; et si M. Ribot a osé porter atteinte à l'art. 4 en soutenant devant le Parlement la loi douanière du 19 juillet 1890, c'est parce que nos capitaux étaient presque perdus, les exploitations agricoles de nos colons impuissantes à se développer, en un mot parce qu'il fallait à tout prix un remède à une situation désespérée.

Cependant, parmi les auteurs, quelques-uns, comme M. Leroy-Beaulieu, reconnaissent que la clause de la nation la plus favorisée a été interprétée « avec trop de pusillanimité » (1) et « que la France, puissance protectrice, eût eu le droit strict d'établir une union douanière entre elle et la Tunisie » (2), mais, ils se bornent à ces simples observations, sans demander énergiquement un régime de faveur pour les produits des deux pays.

Pour nous, l'établissement de ce régime de faveur était légitime au point de vue de l'équité, du droit des gens et du texte même de l'art. 4 du traité du Bardo.

On conçoit difficilement, en effet, que la nation protectrice, qui garantit la dette du pays protégé, qui rétablit l'ordre et la prospérité dans un Etat désorganisé et ruiné, soit soumise au régime commun à toutes les nations étrangères. L'un des objectifs principaux de la colonisation moderne est d'obtenir pour la Métropole une place

---

(1) Leroy-Beaulieu. — L'Algérie et la Tunisie, édit. 1897, p. 547.
(2) Leroy-Beaulieu. — *Économiste français*, août 1895, p. 169.

prépondérante sur les marchés de la colonie ; en échange
de ses sacrifices, de l'apport de ses capitaux et de sa civilisation, la nation colonisante a droit, selon toute équité,
à un traitement meilleur que celui de la nation la plus
favorisée.

En outre, le traité anglo-tunisien du 19 juillet 1875,
sine die, fixait pour un avenir indéterminé le régime commercial de la Tunisie, non seulement avec les puissances
étrangères, mais encore avec la puissance protectrice,
en vertu de l'article 4. Cette solution était inacceptable ;
aussi les auteurs, déjà cités, estiment qu'un traité perpétuel « ne saurait lier indéfiniment le protecteur, et que
celui-ci puise dans sa situation privilégiée reconnue par
les puissances intéressées le droit absolu d'engager des
négociations à l'effet de substituer à ces traités perpé-
tuels des conventions temporaires » (1). Mais ces négociations peuvent n'aboutir qu'après de longues années,
pendant lesquelles le protecteur n'a retiré de ses sacrifices
aucun avantage commercial.

Des arguments tirés du droit international théorique
ou fournis par des précédents confirment notre thèse.

« Lorsque l'ordre des faits qui avaient été la base
expresse ou tacite du traité, écrit Bluntschli, se modifie
tellement avec le temps que le sens du traité s'est perdu
ou que son exécution est devenue *contraire à la nature des
choses*, l'obligation de respecter les traités doit cesser » (2).
Or, l'assujettissement d'un Etat à un autre par le lien du

(1) Pic. — Op. cit., p. 623.
(2) Bluntschli. — Droit international codifié, Livre VI, art. 456.

protectorat, c'est-à-dire la diminution plus ou moins
grande de sa souveraineté à l'intérieur et surtout à l'extérieur, est un événement assez grave pour modifier l'ordre
des faits et pour transformer les relations antérieures du
protecteur et du protégé.

La diplomatie européenne avait, au Congrès de Berlin
(13 juillet 1878), lié les destinées de la Tunisie à celles
de Chypre, de la Bosnie et de l'Herzégovine. Tandis que
'Angleterre et l'Autriche étaient autorisées par le Congrès à occuper et à administrer, la première Chypre, et
la seconde la Bosnie e 'Herzégovine, la France, par
excès de scrupule et dans un sentiment exagéré de dignité,
refusait la Tunisie que nous offrait M. de Bismarck. Notre
représentant, M. Waddington, préférait revenir «les mains
nettes» et rapporter certains engagements moraux de
l'Angleterre ; « le gouvernement de la Reine nous reconnaissait le droit de régler à nos convenances la nature
et l'étendue de nos rapports avec le Bey, et acceptait toutes les conséquences que pouvait impliquer, pour la des-
tination ultérieure du territoire tunisien, le développement
naturel de notre politique » (1).

Le droit d'occupation et d'administration d'un pays
constituent deux éléments essentiels du régime de protectorat ; or, comme conséquence naturelle de ces droits,
le 12 janvier 1880, l'Autriche englobait la Bosnie et
l'Herzégovine dans le Zollverein austro-hongrois, sans
l'adhésion préalable des puissances, et c'est par une sim-

---

(1) Dépêche de M. Waddington au marquis d'Harcourt, 26 juillet 1878.
Cité dans l'Algérie et la Tunisie de M. Leroy-Beaulieu, édit. 1887, p. 314.

ple communication diplomatique qu'elle informait les pays intéressés du nouveau régime douanier de la Bosnie et de l'Herzégovine ; les produits français étaient ainsi privés des bénéfices de nos traités de commerce avec la Turquie.

De même, à Chypre, l'Angleterre a exempté un grand nombre de ses articles d'exportation, *proprio motu*, après une convention supplémentaire conclue avec la Turquie, et par laquelle elle obtenait la liberté entière de faire des lois, des conventions commerciales et consulaires relativement à Chypre.

Le gouvernement français, suivant l'exemple, à un an d'intervalle, des gouvernements anglais et austro-hongrois, aurait donc pu s'appuyer sur ces récentes unions douanières, contractées sous un régime analogue à notre protectorat, pour établir entre la France et la Tunisie le régime commercial que le Congrès de Berlin avait accordé aux deux autres puissances.

D'ailleurs, depuis 1881, le droit d'union douanière entre l'Etat protecteur et l'Etat protégé a reçu des événements maintes confirmations.

L'Italie, qui, malgré la réorganisation française, réclamait le maintien en Tunisie des immunités accordées jadis à ses sujets par des beys impuissants, a supprimé à Massouah, le 3 juin 1886, dès l'occupation de ce pays, le régime des Capitulations et a établi la franchise en faveur des produits italiens, tandis qu'elle imposait un droit de 8 o/o à toutes les marchandises étrangères.

Plus récemment, par suite de l'application aux colonies de notre loi douanière de 1892, les produits étrangers subissent notre tarif général dans nos possessions, tandis que les produits français y entrent en franchise ; l'Espagne, à qui le traité du 27 janvier 1880 garantissait, dans l'Annam et le Tonkin, les franchises accordées dans le passé et dans l'avenir aux nations les plus favorisées, n'a élevé aucune protestation.

Enfin, on peut invoquer le texte même des traités. Dans le traité italo-tunisien du 8 septembre 1868, il est convenu que l'Italie jouira « des privilèges, droits et immunités accordés à *toute autre puissance étrangère* » (art. 1er) ; et dans le traité anglo-tunisien du 19 juillet 1875, il est convenu que l'Angleterre jouira « de tous privilèges, faveurs et immunités accordés à *quelque autre nation que ce soit* ». Or, par les mots vagues « quelque autre nation que ce soit », ou par les mots « puissances étrangères », les parties contractantes ne pouvaient viser les relations étroites et spéciales qui unissent l'Etat protecteur à l'Etat protégé.

Quand la France, dans l'article 4 du traité du Bardo, garantissait l'exécution des traités existant entre la Régence et les puissances européennes, elle ne s'interdisait donc pas jusqu'à leur expiration une union douanière avec la Tunisie.

D'ailleurs, en présence des crises qu'ont subies l'agriculture et le commerce tunisiens de 1885 à 1889, la France, sous peine de renoncer à son protectorat et d'abandonner son œuvre de colonisation dans la Régence, a dû modifier son interprétation de l'article 4 et, par la loi du 19 juillet 1890, accorder la franchise à une partie de la production tunisienne.

Parmi les nations qui jouissent du traitement de la nation la plus favorisée, aucune n'a protesté contre la nouvelle situation privilégiée de la Tunisie, tant il est conforme à l'équité et au droit des gens que des règles particulières président aux rapports commerciaux du pays protecteur et du pays protégé. Et la reconnaissance par les puissances européennes de cette situation privilégiée de la Tunisie vis-à-vis de la France n'implique-t-elle pas logiquement l'acceptation d'un régime de faveur pour le commerce français en Tunisie, c'est-à-dire, en un mot, la légitimité d'une union douanière ?

En résumé, de notre argumentation se dégagent les conclusions suivantes :

1° L'article 4 du traité du Bardo, au point de vue commercial, garantissait aux puissances européennes le maintien du tarif conventionnel de 8 o/o, et pas autre chose.

2° La France, sans violer ses engagements, aurait pu conclure avec la Tunisie un nouveau régime douanier dès le début de son protectorat.

On ne peut expliquer cette interprétation de l'article 4, défavorable à la fois aux intérêts français et au développement de la Tunisie, que par un excès de scrupule dont s'est toujours piquée la diplomatie française, et surtout par l'isolement de notre pays en 1881. A cette époque, le gouvernement français n'a pas osé revendiquer un traitement de faveur pour nos produits, parce qu'il redoutait l'opposition jalouse de l'Angleterre et de l'Italie, qui avaient dans la Régence des intérêts considérables.

Lors de la dénonciation des traités de commerce tunisiens (1896-1897), la France, plus forte par elle-même et par ses alliances, a pris une altitude plus énergique, et aussitôt l'Italie et l'Angleterre ont renoncé à leurs excessives prétentions.

§ 2. — RÉSULTATS COMMERCIAUX DU PRÉCÉDENT RÉGIME DOUANIER DE 1881 A 1890.

Les relations commerciales que la Tunisie entretenait avec l'Europe, avant l'établissement de notre protectorat, étaient très restreintes.

Les statistiques antérieures à 1881 — d'ailleurs peu précises — permettent d'établir que le commerce total vers 1875 atteignait à peu près 27 millions les meilleures années, dont 12 à l'importation et 15 à l'exportation (1). Les nombres relevés dans le rapport au Président de la République sur la situation de la Tunisie en 1896 donnent une moyenne de 23 millions pour les cinq années 1875-1880 (2).

Le commerce d'exportation était entravé par l'absence de voies de communication, par des impôts qu'une situation de plus en plus critique augmentait sans cesse et qui atteignaient la production dans ses différentes phases, enfin par des droits de circulation et de sortie qui diminuaient d'autant les bénéfices des opérations commerciales. « En Tunisie, écrit M. de Lanessan, il semble que toutes les conditions aient été combinées de façon à limiter ou, pour mieux dire, à empêcher la

(1) La Tunisie, 1896, tome II, p. 73.
(2) Rapport au Président de la République, 1896. Annexe B, p. 108.

vente des produits agricoles, tant à l'intérieur qu'à l'extérieur» (1).

Le commerce d'importation, favorisé par le tarif conventionnel uniforme de 8 o/o *ad valorem*, aurait dû être plus considérable ; mais les consommateurs tunisiens étaient peu nombreux, la mauvaise foi présidait souvent aux transactions commerciales, et la difficulté de se faire rendre justice décourageait les commerçants étrangers. En somme, l'absence d'outillage économique, le poids excessif des taxes et l'insécurité des transactions faisaient obstacle au développement commercial de la Régence.

Après la conquête de la Tunisie, la France s'efforça de rétablir l'ordre et de réprimer la fraude par la réorganisation administrative et judiciaire du pays. Elle poursuivit son œuvre civilisatrice par l'amélioration des anciens ports, la création de nouvelles lignes de chemins de fer et de routes empierrées qui remplacèrent les pistes à peine indiquées sur le sol, impraticables pendant la mauvaise saison.

Les heureux effets de ces réformes ne se firent pas attendre : l'importation étrangère, rassurée, reprit le chemin des marchés de la Régence ; la production tunisienne, confiante dans notre administration, étendit son exploitation et augmenta le rendement de ses récoltes par l'emploi de nos procédés de culture : une ère de prospérité commença pour la Régence.

Malheureusement, la solution douanière qu'avait cru devoir accepter le gouvernement français vint bientôt mettre un terme à ce rapide développement.

(1) De Lanessan. — La Tunisie, p. 255.

Les résultats économiques du régime douanier appliqué en Tunisie de 1881 à 1890 se dégageront de l'exposé du commerce d'exportation et d'importation de notre protectorat pendant cette période (1).

TABLEAU du commerce de la Tunisie de 1875 à 1889

—⁓⁓⁓—

DATES	COMMERCE TOTAL	COMMERCE D'EXPORTATION
—	fr.	fr.
Du 1ᵉʳ juillet 1875 au 31 juin 1876.	27.359.308 20	
— 1876 — 1877.	20.375.767 80	
— 1877 — 1878.	18.125.499 »	
— 1878 — 1879.	26.555.560 80	13.615.481 »
— 1879 — 1880.	22.679.320 80	10.918.999 »
— 1880 — 1881.	38.007.322 80	21.932.788 »
— 1881 — 1882.	33.755.931 »	11.237.670 »
— 1882 — 1883.	44.648.268 »	17.683.734 »
— 1883 — 1884 (2).	46.540.870 10	18.542.053 »
Du 13 octobre 1884 au 12 octobre 1885.	45.514.573 20	18.783.046 »
— 1885 — 1886.	48.556.556 40	20.058.514 »
— 1886 — 1887.	47.452.237 80	20.557.752 »
— 1887 — 1888.	50.989.381 20	19.660.978 60
— 1888 — 1889.	49.258.846 80	18.104.857 »

La courbe du commerce total de 1875 à 1889 (Voir pl. 1, graph. Nº 1), formée de 1875 à 1881 par des tron-

(1) Dans cet exposé et dans les suivants, à côté des tableaux numériques, d'un usage pénible pour une interprétation comparative, nous tracerons des graphiques qui présentent l'avantage de faire image et de permettre d'embrasser, d'un coup d'œil, les variations et le sens général d'un phénomène pendant une période de durée quelconque.

Nous empruntons les données numériques à la brochure distribuée aux membres du Parlement, au mois de mars 1898, par le ministère des affaires étrangères, sous le litre : Rapport au Président de la République sur la situation de la Tunisie en 1896.

(2) Nous ne mentionnons pas la période du 30 juin 1884 au 13 octobre 1884 pour ne comparer que des résultats annuels.

çons qui oscillent autour de 25 millions, croît à peu près constamment de 1881-82 à 1889 ; vers cette époque, le mouvement annuel des échanges avec l'extérieur se fixe à 50 millions. Le commerce total a donc doublé après une dizaine d'années d'occupation.

Mais si on examine la courbe des exportations tunisiennes, on remarque qu'elle reste comprise entre 17 et 20 millions de 1882 à 1889, elle suit une marche parallèle à la courbe du commerce total avec tendance à la baisse lors des dernières années ; c'est le commerce d'importation qui a bénéficié surtout de notre protectorat.

On conçoit l'angoisse de nos colons, lorsqu'après le rapide développement des premières années, le commerce total est devenu stationnaire et l'exportation a paru fléchir.

Aussi, dès la fin de 1885, la Chambre de commerce française de Tunis, récemment créée (23 juin 1885), dénonçait-elle dans son «Exposé économique de la Régence de Tunis» la prospérité purement apparente de la Régence et réclamait-elle, au nom des colons, une modification du régime commercial dont souffrait la Tunisie.

Parmi les griefs qu'invoquait la Chambre de commerce, un grand nombre étaient exagérés ou erronés. Ainsi, l'exagération était évidente lorsqu'elle prétendait que le progrès commercial était dû au corps français d'occupation en Tunisie. Pour réfuter cet argument, il suffit de constater sur le graphique précédent que le commerce d'exportation a suivi l'allure du commerce total et qu'il a augmenté après 1882, alors que le corps d'occupation avait été réduit de 30.000 hommes à 12.000

hommes ; il est certain que si la présence de nos soldats favorisait l'importation, son action était nulle sur l'exportation tunisienne.

On est bien forcé de reconnaître que, dès 1881, des capitaux considérables et de nombreux colons avaient pris le chemin de la Régence, séduits par l'antique réputation de sa fertilité et par le voisinage de la France ; ils n'étaient pas étrangers à la prospérité commerciale de notre protectorat.

Un phénomène économique, qui se manifeste dans toutes les jeunes colonies, avait été signalé aussi comme un grave danger par le trop pessimiste Exposé de la Chambre de commerce, qui voyait un indice d'appauvrissement pour le pays dans l'excédent du chiffre des importations sur celui des exportations.

Il était facile de dissiper ces craintes : l'organisation d'une colonie, sa transformation de pays arriéré en pays civilisé exigent de 'pareilles phases. La machine ne peut accomplir utilement sa fonction que lorsqu'on lui a fourni, au préalable, l'énergie qui lui est nécessaire pour atteindre sa marche normale ; de même, la colonie ne peut jouer son rôle économique vis-à-vis de la Métropole que lorsque, dans une période de préparation, elle a été dotée des capitaux et des instruments de toute nature indispensables à son développement agricole et industriel ; ces instruments, c'est l'importation qui les lui fournit.

Dans les colonies prospères, en Australie, au Canada, en Algérie, pendant les premières années de la colonisation, l'importation a dépassé l'exportation. C'est ainsi qu'à l'époque même où la Chambre de commerce de

Tunis formulait ses griefs, en 1885, l'Algérie importait 238 millions de marchandises et en exportait seulement 195 millions. Depuis 1890, l'équilibre est atteint pour cette dernière colonie, où 260 millions d'importations sont balancées par un même chiffre d'exportations ; nous verrons plus loin que la Tunisie elle-même a aussi réalisé cet équilibre en 1890.

Ne voyons donc dans ce phénomène économique, selon l'expression de M. Leroy-Beaulieu, «qu'un signe de santé, surtout un signe de croissance».

Les autres plaintes étaient beaucoup plus fondées. L'Exposé de la situation économique de la Régence de Tunis portait en sous-titre : « Nécessité de l'assimilation des produits tunisiens aux produits algériens à leur entrée en France ». Par ce sous-titre, la Chambre de commerce désignait nettement notre législation douanière comme la cause de l'état stationnaire du commerce en Tunisie.

La France se conduisait, en effet, comme une marâtre vis-à-vis de sa protégée ; par une anomalie singulière, les produits tunisiens étaient frappés à leur entrée en France de droits supérieurs à ceux qui grevaient les produits étrangers. La Métropole n'osait apporter aucune modification au tarif antérieur à l'établissement de son protectorat, de crainte que tout privilège accordé à la Tunisie ne fût immédiatement réclamé par les nations étrangères dont les traités avec notre pays renfermaient la clause de la nation la plus favorisée. L'interprétation de l'article 4 du traité du Bardo rendait inutiles les sacrifices et les réformes de la France en Tunisie ; cette dernière, traitée en ennemie, était soumise au tarif le plus rigoureux.

Ce régime, si contraire à l'esprit de la colonisation, encore aggravé par les droits qui atteignaient les marchandises à leur sortie de la Régence, justifiait les réclamations énergiques du commerce tunisien.

Prenons comme exemples l'huile et le vin, c'est-à-dire deux des principaux produits de la Tunisie. Tandis que les huiles d'Italie et d'Espagne payaient à leur entrée en France un droit de 3 francs par 100 kilos, les huiles de Tunisie étaient frappées d'un droit de 4 fr. 50 par 100 kilos ; elles étaient, en outre, soumises à une taxe de 12 fr. 80 à leur sortie de la Régence. Il était donc impossible au commerçant tunisien de soutenir contre le commerçant étranger une lutte inégale sur le marché français, puisque les huiles du premier étaient grevées d'un droit énorme de 17 fr. 30 les 100 kilos, et celles du second étaient seulement soumises à un droit de 3 francs.

De même, par hectolitre, les vins tunisiens payaient un droit d'entrée de 4 fr. 50, tandis que les vins italiens et espagnols ne subissaient qu'un droit de 2 francs.

Par une absurde contradiction, la France subventionnait un service de paquebots entre Marseille et Tunis pour encourager des relations commerciales qu'elle rendait impossibles par sa législation douanière, car il était plus avantageux au négociant français d'acheter à l'étranger, et au producteur tunisien de vendre à toute nation autre que la France.

Ainsi, la Métropole, généreuse pour son ancienne colonie d'Afrique, admettait en franchise les produits similaires algériens, et, sévère pour son jeune protectorat, rejetait injustement du marché français, par des taxes excessives, les produits tunisiens.

Les conséquences étaient fatales : la production de la Régence cherchait des débouchés à Malte et en Italie, ou bien elle pénétrait en France par l'Italie et l'Algérie. C'est ce que montre clairement le diagramme comparatif des parts respectives de la France, de l'Algérie et de l'Italie dans les exportations tunisiennes depuis 1885 jusqu'à 1889 (voir pl. I, graphique N° 2).

EXPORTATIONS TUNISIENNES DE 1885 à 1889

Part revenant à la France, à l'Algérie et à l'Italie

DATES	FRANCE	ALGÉRIE	ITALIE
1884-1885	9.939.000		
1885-1886	6.234.000	2.200.000	9.400.000
1886-1887	4.570.000	5.100.000	6.100.000
1887-1888	5.242.557	4.308.793	5.517.460
1888-1889	3.881.633	6.280.434	3.365.689

De 1885 à 1888, l'importation italienne a été supérieure à l'importation française ; elle lui est devenue inférieure en 1889. Mais de 1885 à 1889, tandis que l'exportation totale tunisienne restait constante, dans une chute rapide et parallèle, la part de la France et celle de l'Italie s'abaissaient de 9 millions à 3 millions ; ces parts étaient donc réduites de deux tiers. Pendant la même période, l'importation de la Régence en Algérie triplait et s'élevait de 2 millions à 6 millions.

On trouve la cause de l'affaiblissement des relations commerciales italo-tunisiennes dans la rupture, depuis le 1ᵉʳ mars 1888, du régime commercial entre la France et l'Italie. Cette rupture avait été suivie de l'application aux marchandises italiennes à leur entrée en France de notre tarif général, aggravé par la loi du 27 février 1888 en ce qui concernait les principaux produits d'importation. L'exportation tunisienne, ne réalisant plus de bénéfice par la voie italienne, avait pris une autre route pour arriver sur le marché métropolitain ; dans ce déplacement du commerce de transit, l'Algérie avait gagné ce qu'avait perdu l'Italie. D'un autre côté, sur le marché italien, les produits de notre protectorat avaient rencontré des produits similaires, encore plus nombreux depuis que des droits protecteurs les arrêtaient à la frontière, et le commerce d'importation en Italie tendait plutôt à décroître qu'à prospérer.

L'Algérie, grâce à son union douanière avec la France, restait donc l'unique canal par où se déversait dans la Métropole la production tunisienne ; elle seule bénéficiait des tarifs rigoureux que la France appliquait à l'Italie et à la Tunisie. Depuis longtemps déjà, la loi du 11 juillet 1867 avait accordé la franchise aux marchandises de la Régence à leur entrée en Algérie, dans le but d'attirer dans ce pays le commerce tunisien.

A la faveur de cette ancienne loi, les produits de notre protectorat étaient transportés, puis embarqués à l'un des ports de la côte algérienne, en général à Bône ; ils subissaient, il est vrai, un long parcours de 455 kilom., mais ils entraient en France dégrevés de tout droit.

Le gouvernement du protectorat s'efforçait vainement d'améliorer la situation difficile du commerce tunisien par des dégrèvements successifs des droits d'exportation (1); mais ces droits constituaient un des principaux revenus du Trésor et ne pouvaient être supprimés qu'au détriment de l'équilibre budgétaire.

Ces demi-mesures étaient insuffisantes et inefficaces ; il fallait franchement briser ou tout au moins desserrer les entraves douanières qui paralysaient l'activité de nos colons : une réforme du régime commercial de la France et de la Tunisie était nécessaire.

---

(1) Bompard. — Législation de la Tunisie. Décrets des 9 et 17 janvier 1885, p. 116 et 117 ; Décrets du 25 juin 1885 et des 10 et 11 janvier 1887, p. 118 et suiv.

CHAPITRE II

La loi douanière du 19 juillet 1850

§ 1ᵉʳ — LES PRÉCÉDENTS DE LA LOI DE 1890

La réforme douanière date de la loi du 19 juillet 1890. Avant cette époque, de nombreuses solutions avaient été soumises au gouvernement français pour mettre fin à un régime anormal et ruineux.

Dès 1885, nous avons vu que la Chambre de commerce de Tunis (1) réclamait un traitement de faveur, la franchise pour les produits tunisiens.

Un peu plus tard, en 1886, la Société d'agriculture de Tunis, demandant l'assimilation de la Régence à l'Algérie au point de vue commercial, proposait l'union douanière avec la Métropole (2).

Ces deux projets se heurtaient à l'article 4 du traité du Bardo ; ils restèrent sans écho.

Les Chambres de commerce françaises, les Sociétés d'agriculture, s'efforçaient de tourner l'art. 4 par l'établissement simultané d'un système de primes et d'un octroi de mer municipal.

Dans le système des primes, le commerçant tunisien

(1) Exposé de la situation économique de la Régence de Tunis, 1885.
(2) L'Agriculture tunisienne et les tarifs douaniers. Tunis, 1886.

recevait de son gouvernement une prime égale aux droits d'entrée perçus en France, et la France, de son côté, allouait au Trésor beylical une subvention égale au montant de ces primes. Ce procédé compliqué était peu pratique, et sans doute le Parlement français n'eût pas accepté de grever le budget d'une dépense considérable incertaine et d'une utilité très indirecte pour le pays.

En échange de la franchise accordée aux produits tunisiens par le système des primes, l'établissement d'un octroi de mer, ayant le caractère municipal, aurait favorisé en Tunisie l'exportation française vis-à-vis de l'exportation étrangère. Le Bey n'avait pas pris d'engagement de ce chef et pouvait élever le droit 8 o/o *ad valorem* par des taxes municipales perçues seulement sur les marchandises étrangères.

Ce procédé était impraticable parce qu'il est très difficile de distinguer la provenance et la nationalité des marchandises et parce que les surtaxes d'octroi sont surtout supportées par le consommateur.

A tous les points de vue, ce projet compliqué était donc à rejeter.

Les solutions précédentes, émises sous forme de vœux, émanaient des divers corps qui représentaient les intérêts commerciaux et industriels de la France et de la Tunisie. Enfin, ému par les protestations générales, le gouvernement français prit l'initiative d'un projet de loi, qu'il soumit à la Chambre des députés au mois de novembre 1888 (1). Il repoussait les moyens détournés,

(1) *J. Off.* — Documents parlement, Ch. des députés. Sess, extr., 1888, p. 2756,

peu dignes d'une grande nation, et, plaçant la question
sur le véritable terrain, il proposait la réciprocité douanière basée sur les trois conventions suivantes :

1° Les principaux produits tunisiens : céréales, huiles,
vins, animaux de trait ou de boucherie, gibier, seront
admis en franchise dans la Métropole (sauf un léger droit
pour les vins), sous la condition que les produits similaires français jouiront du même traitement en Tunisie.

2° Les autres articles payeront en France les droits
que les produits similaires français payeront en Tunisie ;

3° Toute exemption ou dégrèvement ultérieur effectué par le gouvernement beylical entraînera en France
une même faveur pour les produits similaires tunisiens.

Dans ce projet, la France ne se montrait pas généreuse envers sa protégée ; elle n'accordait une situation
privilégiée qu'en échange d'une faveur identique, elle
offrait un simple troc où toute idée de sacrifice était ban-
nie. Cependant, ce projet donnait satisfaction aux commerçants des deux pays, et il fut accueilli avec joie par
les intéressés.

Les puissances étrangères ne protestèrent pas, et leur
silence fut une reconnaissance tacite du droit pour la
France et la Tunisie de modifier leurs conventions douanières, sans tenir compte des traités antérieurs. Mais de
nouveaux adversaires apparurent : le protectionnisme
français et la représentation algérienne au Parlement.

La viticulture française, qui luttait à grands frais contre
le phylloxera, craignait la concurrence des vins de la
Tunisie, dont le territoire se couvrait de vignobles; de
même l'agriculture, qui se défendait avec peine contre

l'invasion des blés étrangers, redoutait les blés de la fertile Régence, et l'esprit protectionniste, qui établit les tarifs de 1892, triompha du projet gouvernemental. On objecta que les articles admis en franchise étaient produits en France en quantité insuffisante et que par suite l'exportation tunisienne était seule favorisée sans compensation pour l'exportation métropolitaine. On prétendit aussi que les vins italiens, au lieu de payer le droit de 20 fr. inscrit au tarif général, entreraient en France sous l'étiquette tunisienne, avec un droit de 3 o/o *ad valorem*, et envahiraient le marché français au détriment de la production nationale, déjà très éprouvée. On concluait que la réciprocité n'était qu'un leurre et que la Tunisie seule bénéficiait du régime proposé.

Cependant, pour détourner en France le courant d'exportation tunisienne qui s'égarait vers d'autres pays, il fallait bien faire quelques sacrifices et admettre une faible concurrence. D'ailleurs, puisque notre production nationale en vins et en blé était insuffisante, n'était-il pas préférable de s'adresser à nos colons plutôt qu'à l'étranger pour nous procurer le complément? Quant à l'introduction frauduleuse des vins italiens par la Tunisie, on l'aurait évitée en exigeant du commerçant un certificat d'origine.

Les représentants algériens au Parlement vinrent joindre leurs réclamations à celles des protectionnistes. Les marchandises tunisiennes étaient contraintes, comme nous l'avons vu, de pénétrer en France par l'Algérie ; si ce transit forcé était pour cette dernière une source de revenus, il était aussi un obstacle au développement de la Régence. Pour combattre le régime proposé, qui enlevait ce transit à l'Algérie et favorisait la colonie rivale, les députés algériens firent remarquer que les marchandises de provenance française ou italienne pénétreraient en Algérie par la Tunisie et pourraient ainsi se soustraire à l'octroi de mer, puisque, en vertu de la loi du 17 juillet 1867, les produits tunisiens entraient en franchise dans la province de Constantine. Les ressources des communes algériennes, qui retiraient leurs revenus des taxes supportées par les produits venant de l'extérieur et aussi par les produits indigènes, seraient taries et l'équilibre du budget algérien serait compromis.

On aurait pu répondre que l'établissement d'un service de douanes entre les deux pays résoudrait la difficulté et que l'Algérie avait mauvaise grâce à refuser à une colonie naissante un régime commercial moins libéral que celui auquel elle devait sa prospérité actuelle ; mais, en présence de l'opposition des protectionnistes et des représentants de l'Algérie coalisés, le gouvernement recula : le projet fut retiré.

§ 2. — LA LOI DU 19 JUILLET 1890

Il fallut un incident diplomatique, l'établissement du protectorat anglais sur l'île de Zanzibar, malgré une convention antérieure conclue avec la France, pour appeler l'attention du Parlement sur notre protectorat tunisien et lui ouvrir les yeux sur la situation périlleuse de nos colons. Le projet du gouvernement déposé le 13 mars

1890 (1), adopté par la Commission des Douanes (2), vint en discussion devant les Chambres françaises le 3 juillet 1890. Le ministre des affaires étrangères démontra la nécessité absolue de modifier le régime commercial franco-tunisien ; il affirma « que la France avait le droit de donner à un pays couvert de sa protection le traitement douanier qui lui convenait, sans avoir à craindre aucune ingérence étrangère (3)». Le 4 juillet, le projet fut voté à la Chambre des députés par 495 voix contre 23. Le Sénat ratifia ce vote à l'unanimité (moins une voix), sur le rapport de M. Jules Ferry (4), et le projet devint la loi du 19 juillet 1890.

Cette loi douanière, dont les conséquences ont été si heureuses pour le développement des relations commerciales entre la France et la Tunisie, contient les dispositions suivantes (5) :

Le bénéfice de l'entrée en franchise est accordé aux céréales en grains, aux huiles d'olives et de grignons et aux grignons d'olives, aux animaux des espèces chevaline, asine, mulassière, bovine, ovine, caprine et porcine, aux volailles mortes ou vivantes et au gibier mort ou vivant. Les vins de raisins frais sont assujettis à un droit de 0 fr. 60 par hectolitre tant que le titre ne dé-

(1) J. Off. — Doc. parlement. Sess. ord. Ch. des dép., 1890, p. 472.
(2) J. Off — Doc. parlement. Sess. ord. Ch. des dép. Rapport de M. Jonnart, 1890, p 1321.
(3) J. Off. — Déb. parlement. Sess. ord. Ch. des dép., 1890, p. 1293 et suiv.
(4) J. Off. — Doc. parlement. Sess. ord. Sénat. Rapport de M. J. Ferry, 11 juillet 1890.
(5) J. Off. — 20 juillet 1890, p. 3738.
  La Tunisie, t. II, p. 83 et suiv.

passe pas 11°9; au-dessus, ils paient une taxe supplémentaire de 0 fr. 70 par degré. Tous les autres objets sont soumis au tarif minimum. Ces dispositions ne s'appliquent pas aux produits dont l'entrée est frappée de prohibition, ni aux denrées coloniales, telles que le sucre, le café, etc., que la Tunisie ne produit pas. Mais ces « traitements de faveur » sont subordonnés à certaines conditions destinées à empêcher la fraude.

1° Les expéditeurs doivent justifier de l'origine tunisienne des produits, au moyen d'un certificat de provenance délivré par un contrôleur civil et visé par un receveur des douanes de nationalité française (1).

Pour faciliter l'exécution de cette mesure, dix ports seulement étaient ouverts à l'exportation des marchandises bénéficiant de la loi : Tunis, La Goulette, Bizerte, Sousse, Souissa, Monastir, Mehdia, Sfax, Gabès et Djerba. Des décrets du Président de la République pouvaient modifier cette liste ; c'est en vertu de cette disposition que Tabarka a été ajouté par le décret du 21 septembre 1892.

2° Les marchandises ne peuvent être embarquées que sur des navires français et doivent se rendre directement en France, sans escale. Exception a été faite pour l'escale de Bône, en territoire algérien.

3° Le Président de la République fixe chaque année,

---

(1) Nos colons s'étaient plaints, avec juste raison, du trop grand nombre d'employés italiens dans l'administration des douanes, qui facilitaient la fraude de leurs compatriotes On les a éliminés peu à peu, mais, pour prévenir désormais cette complicité, on a inséré, dans la loi, la nécessité du visa par un fonctionnaire *français*.

par un décret rendu sur les propositions du Ministre des
affaires étrangères, des finances, du commerce, de l'agriculture et d'après les statistiques officielles fournies par
le Résident général, les quantités de chacun des articles
auxquels s'applique la loi. (Voir, Annexe I, le décret de
1897-98).

L'application de cette loi douanière, qui a pour objet
de favoriser la production *tunisienne* dans une *proportion
déterminée*, entraîne une double série de mesures administratives prises, d'une part pour éviter la fraude étrangère, et d'autre part pour arrêter l'exportation lorsque la
limite est atteinte.

Dans les dispositions contre la fraude, la Direction
des finances de Tunis a proposé (1) de séparer les céréales des vins.

Avant de délivrer les certificats d'origine pour les
céréales, les contrôleurs doivent se faire présenter par
l'exportateur, soit une attestation du vendeur si la vente
a été faite au domicile de ce dernier, soit la quittance
des droits de marché si l'achat a été fait sur l'un des
marchés de la Régence. En cas de doute, le contrôleur a
la faculté de procéder à une enquête sur la valeur des
déclarations qui accompagnent le produit.

Des précautions plus sévères ont été prises à l'égard
de l'exportation des vins, afin que le producteur indigène seul bénéficiât du tarif réduit établi par la loi. A
cet effet, tous ceux qui désirent en bénéficier sont as-

---

(1) Ces propositions ont été approuvées par la Résidence générale le
25 août 1890 et promulguées au *J. Off. tunisien* du 26 août 1890.

treints à faire, chaque année, avant le 30 septembre, au contrôleur civil de leur circonscription, la déclaration des quantités de vins qui sont récoltées. L'exactitude de cette déclaration est vérifiée par une commission spéciale formée de délégués de l'administration, du syndicat des viticulteurs et d'experts. Les quantités de vins dont l'existence est constatée par cette commission sont inscrites au bureau du contrôle, sur un compte courant ouvert à chaque viticulteur; au débit du compte, sont portées les quantités déclarées pour l'exportation qui ont fait l'objet d'un certificat d'origine. Le contrôle est donc permanent : il commence sur le lieu même de production et il suit le vin jusqu'au port d'embarquement. Quant aux huiles, la fraude est très difficile, puisque les presses à huile sont exercées.

A ce sérieux contrôle sont venues s'ajouter des mesures répressives énergiques ; un décret beylical, du 26 novembre 1895, punit les fabricants ou falsificateurs de certificats d'origine, ou ceux qui auraient fait usage de certificats fabriqués ou falsifiés, d'un emprisonnement de 6 mois à 3 mois. Un emprisonnement de 3 mois à 1 an est prononcé contre ceux qui auraient fait une fausse déclaration à l'autorité compétente en vue d'obtenir un certificat d'origine, ou qui auraient fait usage, pour l'expédition en France des marchandises d'origine étrangère, d'un certificat délivré en vue de marchandises d'origine tunisienne.

Enfin, pour que les quantités fixées par le décret présidentiel ne soient pas dépassées, la Direction des douanes établit le compte des produits exportés et le rapproche

des crédits ouverts ; chaque quinzaine, une situation est
publiée par le *Journal officiel tunisien*. Lorsque le maximum fixé va être atteint, les contrôleurs civils, avisés,
doivent refuser la délivrance de nouveaux certificats.
Telle est la loi du 19 juillet 1890.

Il importe d'insister sur le caractère de cette loi qui
n'est pas une convention entre les deux pays intéressés,
mais un acte *unilatéral*. La France, comprenant mieux
son rôle de puissance colonisatrice, a généreusement
accordé à la Tunisie un régime de faveur, sans réclamer
le moindre avantage commercial ; mais elle reste seule
maîtresse de son œuvre législative, et le Parlement français peut à son gré, sans demander l'assentiment du
gouvernement beylical, modifier la loi douanière de 1890.

Cette loi a su aussi concilier heureusement les intérêts
contraires de l'agriculture française, du Trésor et du
commerce algériens et de la production tunisienne.

L'agriculture française n'a plus à redouter le commerce
des produits de la Régence sur le marché métropolitain,
puisque l'élasticité des crédits d'exportation permet au
ministre compétent et au Président de la République de
limiter chaque année l'importation tunisienne en France
et d'accorder ainsi une protection suffisante à la production nationale.

Le colon algérien n'a plus à craindre une diminution
dans les recettes de l'octroi de mer ; les marchandises
françaises, toujours soumises en Tunisie au tarif conventionnel de 8 o/o, ne chercheront pas à pénétrer en Algérie par la province de Constantine. En outre, le transit

à travers l'Algérie aura lieu, comme par le passé, lorsque les crédits d'exportation seront épuisés.

Le producteur tunisien n'est plus traité en étranger par la Métropole ; il peut, avec plus de confiance, développer son exploitation agricole ; ses récoltes, reçues en franchise ou soumises à notre tarif minimum, trouvent en France de faciles débouchés.

De plus, la prospérité financière de la Tunisie ne peut que bénéficier de cette loi douanière qui favorise son commerce et respecte l'ancien tarif d'importation (1). Nos colons tunisiens ont d'ailleurs accepté sans difficulté l'obligation du certificat d'origine, les formalités de la déclaration des récoltes et la surveillance administrative exercées sur leur commerce, en échange du traitement de faveur que leur accordait la Métropole.

La France seule n'a retiré aucun avantage immédiat de cet acte désintéressé, mais, par la loi de 1890, elle a provoqué dans son protectorat tunisien un rapide développement agricole et commercial dont elle bénéficiera le jour où l'union douanière des deux pays succèdera à ce régime transitoire et incomplet.

Enfin, les nations étrangères n'ont élevé aucune protestation contre la violation de l'art. 4 du traité du Bardo ; par leur silence, elles ont reconnu à l'Etat protecteur le droit de modifier son tarif douanier dans un sens favorable aux intérêts de l'Etat protégé. — Le pro-

---

(1) C'est en invoquant les nécessités du budget tunisien que M. Jonnart combattit la réciprocité demandée par de nombreux membres du Parlement. *Journal Officiel.* — Ch. des dép. Déb. parlement. Sess, ord., 1890, p. 1298.

tectorat serait en effet un odieux procédé de colonisation,
s'il consistait à éveiller l'activité économique d'un pays
à demi-barbare, pour fermer ensuite la porte à ses produits et ruiner les colons qui l'ont initié à notre civilisation.

§ 3. — RÉSULTATS COMMERCIAUX DE LA LOI DU 19 JUILLET 1890

Dès que les barrières qui mettaient obstacle aux relations commerciales de la France et de la Tunisie eurent
été abaissées par la loi douanière, les transactions des
deux pays se développèrent avec rapidité. Les produits
tunisiens admis en franchise, c'est-à-dire les céréales,
les huiles, les vins, ne cherchèrent plus de débouchés
à l'étranger, et, délaissant le marché italien, ils se diri-
gèrent vers le marché français.

L'exposé graphique de l'exportation totale de la Tunisie pendant les dix dernières années montrera nettement
le progrès du commerce tunisien et le rôle prépondérant
de la France dans les rapports économiques de la Régence
avec les nations européennes.

Les documents officiels les plus récents (1) ne nous
fournissent des renseignements sur le commerce de la
Tunisie que jusqu'en 1896, mais ces données sont suffi-
santes pour mettre en évidence le phénomène signalé.

(1) Rapport au Président de la République sur la situation de la Tunisie
en 1896, distribué aux membres du Parlement par le ministère des affaires
étrangères, en mars 1898.

TABLEAU DU COMMERCE DE LA TUNISIE

DE 1887 A 1896

DATES	EXPORTATIONS		IMPORTATIONS	
	Part revenant à la France	Exportation totale	Part revenant à la France	Importation totale
Du 13 octobre 1887 au 12 octobre 1888..	5.242.557^{fr}60	19.660.978^{fr}60	17.175.631^{fr}80	31.328.403
— 1888 — 1889..	3.881.633 80	18.104.857 »	16.735.258 20	31.153.939
— 1889 — 1890..	11.230.370 40	30.599.222 40	15.607.084 20	29.194.520
— 1890 — 1891..	24.976.680 20	43.818.952 »	20.200.009 »	38.115.091
Du 1er janvier au 31 décembre 1892 (1)	20.964.880 »	37.199.502 »	20.773.870 »	39.325.622
— — 1893..	14.521.173 »	29.685.323 »	21.725.601 »	38.383.232
— — 1894..	19.874.223 »	36.932.766 »	22.941.923 »	41.922.715
— — 1895..	26.348.324 »	41.246.887 »	23.308.764 »	44.085.945
— — 1896..	20.222.756 »	34.507.532 »	25.563.371 »	46.444.548

(1) Nous n'avons pas mentionné dans ce tableau la période transitoire du 12 octobre 1890 au 31 décembre 1890, correspond à une réforme de l'année budgétaire en Tunisie.

Occupons-nous d'abord des exportations (voir pl. II). Elles sont un peu inférieures à 20 millions de francs pendant les années budgétaires (1) 1887-88 et 1888-89; mais, en 1889-90, le vote de la loi douanière leur donne une vive impulsion, leur chiffre s'élève avec une surprenante rapidité; l'activité commerciale, trop longtemps comprimée, se détend et l'exportation atteint brusquement le chiffre de 44 millions; elle avait doublé dans l'espace de deux ans. Les années qui suivent apportent des résultats un peu moins brillants; cependant, après une légère diminution en 1893, le chiffre des marchandises exportées paraît se maintenir à 40 millions environ. Dans l'étude de ces oscillations commerciales, on doit tenir compte de la variation des récoltes et de l'influence désastreuse de la sécheresse dans ces régions fertiles. Ainsi, en 1890, les céréales et les huiles furent abondantes et ajoutèrent à l'élan donné par la nouvelle loi; en 1893, le chiffre des exportations s'abaissa parce que les récoltes furent faibles. Légère baisse en 1896, mais on peut prévoir que la courbe se relèvera en 1897, année plus clémente, et surtout en 1898 qui s'annonce comme très favorable à la production agricole.

La courbe de l'exportation tunisienne en France a été tracée en pointillé en même temps que la courbe d'ex-

(1) Jusqu'en 1890, l'exercice budgétaire de la Tunisie correspondait à l'année musulmane qui commençait le 13 octobre ; un décret beylical du 16 décembre 1890 a disposé que l'exercice se continuerait jusqu'au 31 décembre 1891, afin de faire, désormais, concorder l'année budgétaire de la Tunisie avec celle de la France. Dans notre graphique, pour rendre les résultats comparables, nous avons arrêté l'année 1891 au 12 octobre et repris au 1er janvier pour l'année suivante 1892.

portation totale. Il est instructif de remarquer le parallélisme de ces deux lignes. Il prouve la prépondérance
définitive de notre pays, l'intimité commerciale qui noùs
unit à-notre protectorat, puisque nous profitons de son
abondance et nous subissons sa disette. L'étranger, au
contraire, a une part constante, fixée à 15 millions environ, quelles que soient les récoltes de la Tunisie. Sur ces
15 millions, l'Algérie prélève en moyenne 6 millions
(sa part a diminué depuis la loi de 1890), l'Italie 4 millions, l'Angleterre et Malte 3 millions. Les deux autres
millions sont importés dans les autres pays.

La France, qui en 1887-88 ne recevait que 5 millions
de marchandises, c'est-à-dire 30 o/o de l'exportation
totale tunisienne, en a reçu 20 millions en 1894 et 1896,
26 millions en 1895, c'est-à-dire le 59 o/o et le 64 o/o.
En ajoutant pour chacune des années 1894, 1895, 1896,
la part de l'Algérie à celle de la France, on atteint le
chiffre constant de 75 o/o de l'exportation totale. Les
trois quarts des marchandises exportées de la Tunisie
trouvent donc des débouchés dans la Métropole ou dans
ses colonies.

La courbe des importations est moins tourmentée que
celle des exportations ; la première relève de l'industrie
et du commerce des grandes nations, la seconde dépend
de l'abondance plus ou moins grande de la production
agricole, c'est-à-dire des caprices de la nature. Aussi la
courbe des importations s'élève-t-elle d'une façon régulière — sauf la brusque ascension de 1890 — d'une année à la suivante. De 1887 à 1890, l'importation oscille
légèrement autour de 30 millions, elle croît jusqu'à

38 millions en 1890-91 et poursuit sa marche ascendante
jusqu'à 46 millions et demi en 1896. Elle a augmenté à
peine d'un tiers, tandis que l'exportation doublait. Ainsi
disparaissent les craintes des colons en 1887, qui cons-
tataient avec effroi la supériorité de l'importation sur
l'exportation tunisienne ; avec le développement économique de la Régence, les courbes se rapprochent, les
ventes équilibrent les achats.

Dans l'importation en Tunisie, le commerce français
occupe le premier rang. La courbe en pointillé prend,
comme la courbe en traits pleins, une allure légèrement
ascendante et subit aussi le contre-coup de l'année
1890-91. De 15 millions de francs en 1889-90, l'importation française s'élève brusquement à 20 millions en
1890-91 et représente à cette époque le 53 o/o de l'importation totale. En 1891, elle reprend une marche plus
normale et passe progressivement de 21 millions à 26
millions en 1896 ; elle représente alors le 55 o/o (le
58 o/o avec l'Algérie) de l'importation totale.

Mais les deux courbes du graphique précédent présentent un parallélisme moins accentué que les deux courbes analogues du graphique des exportations ; elles
s'éloignent peu à peu l'une de l'autre à partir de 1890,
ce qui signifie que l'importation étrangère augmente en
même temps que l'importation française. On constate,
en effet, dans les statistiques, que l'importation italienne, par exemple, s'est élevée de 4 millions à 5 millions en dix années. Il est facile d'expliquer ces résultats :
après 1890, le tarif uniforme de 8 o/o a été appliqué en
Tunisie, comme par le passé, aux marchandises de toute

provenance ; l'importation étrangère a ainsi bénéficié, comme l'importation française, du développement du commerce tunisien.

Sous le régime de la loi du 19 juillet 1890, les proportions de l'importation française et algérienne dans la Régence n'ont pas sensiblement changé, tandis que l'importation tunisienne en France et en Algérie s'élevait de 30 o/o à 75 o/o : le rapprochement de ces résultats met bien en relief le caractère désintéréssé de la loi douanière votée par la Métropole.

Enfin, la comparaison de la moyenne du commerce total pendant les cinq années immédiatement antérieures à l'institution de notre protectorat, avec le commerce total actuel, établit que le montant des exportations et des importations réunies s'est élevé de 23 millions à un chiffre supérieur à 80 millions pour ces dernières années. Le commerce tunisien a presque quadruplé après dix-sept années de notre direction administrative et politique. L'influence de la loi de 1898 sur le développement du commerce de notre protectorat africain est donc considérable; les faveurs consenties par la Métropole aux produits de la Régence ont ramené sur le marché français les trois quarts de la production tunisienne et imprimé un vigoureux essor à l'activité de nos colons.

« Personne ne peut nier, écrit l'auteur de la publication officielle la Tunisie, que la loi du 19 juillet 1890 n'ait constitué un progrès énorme sur la situation antérieure : ses résultats commerciaux et politiques ont été immenses. L'importation totale des transactions s'est trouvée accrue dans une proportion notable et la France a conquis une première place sur le marché tunisien ; l'Italie, qui la lui disputait pendant les premières années postérieures à l'établissement du protectorat, est tombée à un rang tout à fait infime, C'est surtout pour les produits pour lesquels la France s'est montrée libérale que le résultat a été frappant. Pour les céréales, les huiles et le vin, elle s'est assuré le monopole presque complet des exportations tunisiennes. Par ce moyen, notre pays a obtenu ce grand résultat politique, de lier à elle sa nouvelle colonie par la puissance des liens économiques extrêmement solides, puisqu'ils reposent sur des intérêts matériels » (1).

La France a préparé l'union douanière avec son protectorat par la loi du 19 juillet 1890 ; la Tunisie l'a réalisée presque complètement par le décret beylical du 2 mai 1898.

(1) La Tunisie, t. II. Agriculture, Industrie, Commerce. 1896, p. 86 et 87.

DEUXIÈME PARTIE

LE DÉCRET BEYLICAL DU 2 MAI 1898

CHAPITRE PREMIER

La dénonciation des traités de commerce tunisiens

Lors de la discussion de la loi du 19 juillet 1890, le ministre des affaires étrangères avait déclaré que le régime de faveur accordé aux produits tunisiens n'était que la première étape d'une marche vers l'union douanière de la France et de la Tunisie.

Avant d'entreprendre l'étape finale, il était nécessaire d'émanciper notre protectorat de toutes les servitudes conventionnelles étrangères. C'est ainsi qu'à la date de leur expiration, les traités conclus par l'ancienne Régence avec les tierces puissances ont été successivement dénoncés par le gouvernement français. Les nouveaux accords intervenus ont eu pour base principale la reconnaissance du droit qu'ont la France et la Tunisie de regler librement leurs rapports économiques.

L'Italie et l'Angleterre, dont les intérêts commerciaux en Tunisie sont considérables, ont fait un accueil assez froid aux propositions du gouvernement français, au sujet du renouvellement des anciens traités ; mais elles ont cédé devant l'énergie de nos réclamations.

Nous allons retracer les principales phases de ces importantes négociations qui ont consacré l'indépendance douanière de notre protectorat.

1. *Dénonciation du traité de commerce italo-tunisien.* — Les relations commerciales de l'Italie et de la Tunisie étaient réglées par le traité de commerce et de navigation conclu le 8 septembre 1868. La date de l'expiration de ce traité avait été prévue dans l'article 25, en ces termes : « Le présent traité restera en vigueur pendant vingt-huit années à dater du jour de l'échange des ratifications ; mais si, 12 mois avant l'expiration dudit délai, il n'est pas dénoncé par une des deux hautes parties contractantes, il se trouvera renouvelé pour un temps égal » (1).

Profitant de cette clause, le gouvernement français, au mois d'août 1895, annonça au gouvernement italien son intention de dénoncer le traité de 1868 et d'en conclure un nouveau plus conforme à la nouvelle situation de la Tunisie.

L'Italie essaya, tout d'abord, de contester notre droit à la direction des affaires de la Régence, malgré le traité du Bardo. Elle appliquait au droit des gens la règle *res inter alios acta, aliis nec prodesse nec nocere potest* (2), et trouvait étrange qu'une tierce puissance intervînt dans des conventions qui ne concernaient que la Tunisie et l'Italie. Cependant, notre traité de protectorat lui

---

(1) Bompard. — Op. cit., p. 465.
(2) Arch. dipl., 1897, t. LXI, p. 108 et suiv.

avait été régulièrement signifié, et comme le fait remarquer M. Despagnet : « les puissances sont tenues de respecter la souveraineté des Etats, même en tant qu'elle se manifeste par l'abandon qu'ils font de l'exercice de cette souveraineté entre les mains d'un autre pays. Ne pas accepter le mandataire que se donne librement un Etat, c'est méconnaître son indépendance et s'immiscer sans droit dans l'exercice qu'il a cru devoir faire de cette même indépendance » (1).

Le ministère Crispi, qui avait imaginé cet argument contraire à l'essence du protectorat, abandonna bientôt ce moyen de défense peu fondé, pour procéder par intimidation. Il rappela que dans le protocole du 25 janvier 1884, et après l'organisation des tribunaux français dans la Régence (2), l'Italie avait consenti « à suspendre en Tunisie l'exercice de la juridiction des tribunaux consulaires italiens », avec cette réserve « que toutes les autres immunités, avantages et garanties assurés par les Capitulations, les usages et les traités resteraient en vigueur » (3).

Le gouvernement italien concluait que la dénonciation par la France du traité de commerce de 1868 ferait revivre en faveur de l'Italie les clauses des anciennes Capitulations qui assuraient à leur commerce une situation privilégiée.

Le ministère di Rudini, qui succéda au ministère Crispi, s'inspira des mêmes principes : le 30 juin 1896, le mar-

(1) Despagnet. — Essai sur les Protectorats, p. 385.
(2) Loi du 27 mars 1883.
(3) Bompard. — Op. cit., p. 474, art. 1 et 2.

quis de Sermoneta déclarait au Parlement italien « qu'à
côté du traité de 1868, il existait d'anciennes Capitulations » et que « si le 29 septembre 1896 un nouvel accord
n'était pas stipulé, il resterait cependant à régler la situation légale de l'Italie, dont tous les droits demeureraient
entiers » (1).

M. Crispi oubliait qu'en 1888, il avait déclaré que
l'établissement d'une puissance chrétienne à Massouah
supprimait le régime des Capitulations, puisque la protection des civilisés contre les barbares était réalisée par
le fait de cette occupation. De plus, les précédents de
Chypre, de la Bosnie et de l'Herzégovine en 1878, de
l'Annam en 1885 et la pratique internationale confir-
maient le principe proclamé à Massouah.

Aussi, devant l'attitude énergique du gouvernement
français qui repoussa ces prétentions inadmissibles, le
gouvernement italien fut-il obligé de céder. A la suite des
négociations échangées entre les cabinets de Rome et de
Paris, trois conventions et deux protocoles, destinés à
régler jusqu'au 1ᵉʳ octobre 1905 les relations de l'Italie et de
la Tunisie, ont été signés, le 28 septembre 1896, par le
comte Tornielli, ambassadeur d'Italie, et M. Hanotaux,
ministre des affaires étrangères, et ratifiés par le roi
d'Italie et le Président de la République française le 25
janvier 1897 (2). Dans la troisième convention — convention de commerce et de navigation, — il est déclaré

---

(1) Arch. dipl., 1896, t. LVIII.

(2) Arch. dipl., 1896, t. LX, p. 237 et suiv. — Les trois conventions sont :
1° Convention d'extradition ; 2° Convention consulaire ; 3° Convention de
commerce et de navigation.

(art. 8) « que la Tunisie jouira en Italie et que l'Italie jouira en Tunisie du traitement de la nation la plus favorisée. Il est d'ailleurs bien entendu que le traitement de la nation la plus favorisée, dont la jouissance est assurée à l'Italie, ne lui donne pas droit au régime douanier qui pourrait être institué entre la France et la Tunisie, mais seulement aux avantages de quelque nature que ce soit qui seraient concédés à une tierce puissance quelconque».

En échange des concessions consenties par l'Italie, la France accordait aux vins italiens un traitement de faveur. Il est dit dans l'article 9 de la précédente convention : « Au cas où le tarif actuel de 10 o/o à l'entrée sur les vins et de 8 o/o sur les autres articles viendrait à être supprimé en Tunisie, le droit nouveau ne pourra être plus élevé que celui inscrit, pour le même article, au tarif minimum français ». Or, on sait que le tarif maximum est appliqué aux vins italiens à leur entrée en France; c'est donc une situation privilégiée qui est accordée à l'un des principaux produits italiens dans notre protectorat.

L'article 7 fournit une nouvelle compensation : « Pour l'exercice du cabotage, les Tunisiens et les Italiens seront respectivement traités comme les nationaux en Italie et comme les nationaux et les Français en Tunisie.

»En ce qui concerne la pêche, les Tunisiens jouiront en Italie des droits et avantages accordés aux sujets des puissances étrangères par la législation en vigueur dans le royaume, et les Italiens seront traités en Tunisie comme les nationaux et comme les Français » (1).

(1) Les gouvernements français et italien, désireux de régler à tous les points de vue la situation respective des deux pays en Tunisie, ont stipulé,

En résumé, pour obtenir de l'Italie sa renonciation
aux droits qu'elle tirait de l'ancien régime, la France
accordait à cette puissance la jouissance d'un tarif minimum en Tunisie sur certains articles et l'assimilation
de ses nationaux aux Français et aux Tunisiens en matière
de pêche et de cabotage.

Mais le bénéfice du nouveau traité, qui consacrait la
reconnaissance du droit de la France et de la Tunisie de
régler librement leurs rapports économiques, était illu-
soire, car la clause de la nation la plus favorisée laissait
aux produits italiens leurs anciens privilèges douaniers,
tant que resterait en vigueur la convention anglo-tunisienne du 19 juillet 1875.

II. *Révision des traités conclus entre la Tunisie et les
autres puissances, l'Italie et l'Angleterre exceptées.* — Il
était prudent d'éviter des revendications pour l'avenir en

dans un protocole annexé à la convention consulaire, que « les indigènes
actuellement inscrits au consulat général d'Italie, à Tunis, auraient droit
en Tunisie au même traitement que les Italiens ; que les associations et
établissements italiens existant actuellement en Tunisie seraient considérés
comme étant déjà en possession de l'autorisation légale. Néanmoins, le
gouvernement italien a consenti à remettre à l'administration française
le service de la poste italienne ».

De plus, un protocole annexé à la convention d'extradition stipule que
« si la peine capitale était prononcée en Tunisie contre un sujet italien ou
un individu extradé par le gouvernement italien, l'attention du Président
de la République française serait appelée d'une manière toute spéciale, en
vue de l'instance en grâce pour la commutation de cette peine, sur l'état
actuel de la législation, en Italie, à l'égard de la peine de mort».

Voir le texte des protocoles et des conventions, Arch. dipl., 1896, t. LX,
p. 227 à 231.

Voir aussi *Journal Officiel tunisien* du 2 février 1897, p. 71 et suiv.

dénonçant et renouvelant les anciens traités conclus jadis par la Régence avec la plupart des Etats de l'Europe. Encouragée par son succès en Italie, notre diplomatie poursuivit cette tâche délicate dans les derniers mois de 1896.

Le 20 juillet 1896, c'est-à-dire antérieurement à la conclusion du nouveau traité italo-tunisien, la France et l'Autriche-Hongrie avaient signé une déclaration dans laquelle cette dernière renonçait « à invoquer en Tunisie le régime des Capitulations » et s'engageait « à ne pas revendiquer le bénéfice du régime établi ou à établir en matière de douane et de navigation entre la France et son protectorat tunisien, pourvu que le traitement de la nation la plus favorisée lui restât conservé à l'égard de toute autre puissance » (1).

En échange de cette concession, le gouvernement de la République renonçait « à réclamer — jusqu'au 1er janvier 1904 — pour les vins français à leur entrée en Autriche-Hongrie le traitement acquis à certains vins italiens par le traité de commerce du 6 décembre 1891, conclu entre l'Italie et l'Autriche-Hongrie, traitement qui, en Autriche-Hongrie, n'est pas appliqué, en vertu du régime de la nation la plus favorisée, aux vins d'aucune autre puissance ».

En outre, les traités et conventions de toute nature en vigueur entre la France et l'Autriche étaient étendus à la Tunisie.

Des déclarations analogues à la déclaration austro-

(1) Arch. dipl., 1897, t. LXI, p. 5.

hongroise furent signées successivement par la France et
les autres puissances (1) :

Par la Russie, le 2-14 octobre 1896.

Par la Suisse, le 14 octobre 1896.

Par l'Allemagne, le 18 novembre 1896.

Par la Belgique, le 2 janvier 1897.

Par l'Espagne, le 12 janvier 1897.

Par le Danemark, le 26 janvier 1897.

Par les Pays-Bas, le 3 avril 1897.

Par la Suède-Norvège, le 5 mai 1897.

Ces déclarations accordaient aux puissances étrangères
le traitement de la nation la plus favorisée en Tunisie,
mais toutes elles reconnaissaient à la France une situation commerciale exceptionnelle, en raison des liens qui
l'unissaient à son protectorat.

III. *Dénonciation du traité de commerce et de navigation anglo-tunisien.* — Cependant, toutes les conventions
précédentes, par suite de la clause de la nation la plus
favorisée, restaient sans effet tant que le traité anglo-
tunisien conclu le 19 juillet 1875 n'était pas modifié. Cet
état de choses pouvait durer fort longtemps : en vertu de
l'article 40 du traité de 1875, la révision devait être
accomplie « d'un commun accord » par les parties contractantes ; l'Angleterre, par son refus de procéder à cette
révision, opposait un perpétuel obstacle à notre réforme
douanière en Tunisie. Mais le droit international moderne,
qui admet la perpétuité des traités politiques, assigne une

---

(1) *Revue de Droit international public*, 1897, N° 6, p. 797 et suiv.
Journal Officiel tunisien du 2 février 1897.

limite à la durée des conventions commerciales. D'ailleurs, si, malgré les principes et malgré l'exemple des autres Etats, la Grande-Bretagne seule continuait à faire échec à notre politique commerciale dans la Régence et à annihiler les résultats acquis auprès des nations étrangères par notre diplomatie, le gouvernement français était résolu à réaliser l'annexion de la Tunisie, plutôt que d'ajourner encore une solution urgente.

Afin d'éviter cette mesure extrême, l'Angleterre, quoique de mauvaise grâce, céda ; une déclaration du 15 janvier 1896, relative aux affaires de Siam et du Haut-Mékong et à la délimitation des possessions anglaises et françaises du Bas-Niger, renferme l'article suivant (1) : « Conformément aux stipulations de l'article 40 de la convention générale conclue entre la Grande-Bretagne et la Régence de Tunis, le 19 juillet 1875, qui prévoit une révision de ce traité, les deux gouvernements conviennent d'ouvrir immédiatement des négociations en vue de remplacer ladite convention générale par une convention nouvelle répondant mieux aux intérêts respectifs des deux pays ».

Ces négociations aboutirent à la convention du 18 septembre 1897, signée à Paris par M. Hanotaux, ministre français des affaires étrangères, et sir Edward Monson, ambassadeur d'Angleterre.

Voici le texte de ce traité qui met un terme à la situation privilégiée de l'Angleterre dans notre protectorat tunisien (2) :

(1) Arch. dipl., 1896, t. LVII, p. 130.
(2) Arch. dipl., 1897, t. LXIII, p. 350.

Art. 1er, — Les traités et conventions de toute nature, en vigueur entre la France et le Royaume-Uni de Grande-Bretagne et d'Irlande, sont étendus à la Tunisie.

Le gouvernement de Sa Majesté britannique s'abstiendra de réclamer par ses consuls, ses ressortissants et ses établissements en Tunisie, d'autres droits et privilèges que ceux qui lui sont acquis en France. En outre, le traitement de la nation la plus favorisée, qui est assuré de part et d'autre par les traités et conventions précités, et la jouissance réciproque des tarifs de douane les plus réduits, sont garantis au Royaume-Uni de Grande-Bretagne et d'Irlande en Tunisie et à la Tunisie dans le Royaume-Uni, pendant une durée de quarante ans à partir de l'échange des ratifications du présent arrangement.

Toutes les machines et tous les produits manufacturés, originaires du Royaume-Uni, importés en Tunisie, soit par la voie directe, soit après transbordement à Malte, jouiront des avantages concédés par le présent article. Il est d'ailleurs entendu que le traitement de la nation la plus favorisée en Tunisie ne comprend pas le traitement français.

Art. 2. — Les cotonnades originaires du Royaume-Uni et des colonies et possessions britanniques ne pour·ront pas être frappées en Tunisie de droits d'importation supérieurs à 5 o/o de leur valeur au port de débarquement. Elles ne seront grevées d'autres taxes ou impôts quelconques. Cette disposition restera en vigueur jusqu'au 31 décembre 1912 et après cette date jusqu'à l'expiration du sixième mois, à partir du jour où l'une

des parties contractantes aura notifié à l'autre son intention d'en faire cesser les effets.

Art. 3. — Le présent arrangement entrera en vigueur
immédiatement après l'échange des ratifications. Toutefois, le tarif actuel des douanes à l'importation en Tunisie
continuera à être appliqué jusqu'au 31 décembre 1897.

En résumé, l'Angleterre renonçait aux privilèges de
la convention de 1875 et recevait, en échange de cette concession d'autant plus importante qu'elle mettait fin à
l'application des anciens traités conclus par la Tunisie
avec les puissances étrangères, un traitement de faveur
pour les cotonnades jusqu'à la fin de 1912. On lui assu-
rait le traitement de la nation la plus favorisée et l'avantage de pouvoir faire rompre charge à Malte, sans per-
dre le bénéfice de l'importation en droiture, laquelle est
une condition *sine qua non*, suivant la législation douanière de la France, de la jouissance du tarif minimum.

Ainsi, avec l'année 1897, s'évanouissait, dans ses dernières manifestations, la longue suzeraineté des puissances étrangères sur l'ancienne Régence ; la France restait
seule maîtresse des destinées économiques d'un protectorat dont la prospérité était son œuvre, et elle pouvait
enfin y établir à sa guise un nouveau régime commercial.

CHAPITRE II

Les bases du nouveau régime douanier de la Tunisie

Depuis le 1er janvier 1898, la Tunisie n'avait plus de régime de douane bien défini. Si le traité du 18 septembre 1897 reconnaissait à la France une situation exceptionnelle dans son protectorat au point de vue douanier et mettait fin à l'ancien régime commercial, il n'indiquait pas à quel tarif transitoire seraient soumis les produits anglais à leur entrée dans la Régence. De même, les produits italiens, qui n'avaient conservé leur ancien traitement de faveur que grâce à la clause de la nation la plus favorisée insérée dans le traité du 28 septembre 1896, étaient assujettis à un tarif incertain.

En fait, l'administration des douanes tunisiennes taxait les marchandises importées selon leur provenance et leur nationalité. Du 1er janvier au 2 mai 1898, date de la promulgation de la réforme douanière, l'importation en Tunisie a été soumise au régime arbitraire suivant, dont aucun titre légal n'avait consacré la légitimité :

1° Un tarif spécial de douanes, établi par un décret beylical du 28 septembre 1896, très peu différent du tarif minimum français (1), était applicable aux produits provenant :

(1) *Journal Officiel tunisien* du 29 septembre 1896,

a) Des pays européens n'ayant pas de convention commerciale avec la Tunisie, comme la Turquie, les Etats
des Balkans, etc. ;

b) De tous les pays extra-européens, sauf les Etats-
Unis de l'Amérique du Nord.

2° L'ancien tarif de faveur 8 o/o était applicable aux
produits provenant des pays ayant droit au traitement de
la nation la plus favorisée (qui ne comprend pas d'ailleurs le traitement français). Ces pays sont : l'Allemagne, l'Autriche-Hongrie, la Belgique, le Danemark,
l'Espagne avec les Baléares, les Canaries et les possessions espagnoles de la côte marocaine, la Grande-Bretagne avec l'Ecosse et les îles de la Manche, Malte, l'Italie,
les Pays-Bas, la Russie, la Suisse, la Suède et la Norvège
et enfin les Etats-Unis de l'Amérique du Nord (1).

L'Angleterre avait bénéficié, dès le 1er janvier 1898, du
droit privilégié de 5 o/o accordé à ses tissus de coton et
jouissait ainsi dans notre protectorat d'avantages commerciaux supérieurs à ceux de la Métropole, puisque
l'importation française, assimilée à l'importation étrangère jusqu'à l'établissement du nouveau régime, était
encore soumise au tarif de 8 o/o.

3° La franchise était accordée aux produits destinés à
l'agriculture quelle que fût leur provenance (2).

Un droit prohibitif fermait la régence aux huiles
d'olives et aux autres huiles étrangères, aux fruits et grai-

---

(1) Voir les instructions du 28 décembre 1897 : *Journal Officiel tunisien*.

(2) Voir de nombreux décrets, entre autres ceux du 9 septembre 1885,
du 12 juillet 1888, des 22 et 28 juin 1891, du 30 mai 1893.

nes oléagineuses (1). Les huiles d'olives françaises étaient seules reçues en franchise, faveur bien légère pour un produit qui, insuffisant en France, ne peut être importé dans un pays où il est très abondant.

Cependant, les transactions souffraient de cette situation irrégulière ; le commerce français demandait la réalisation immédiate de la réforme douanière, réclamée depuis si longtemps; le commerce étranger lui-même, malgré l'application du tarif de 8 o/o *ad valorem* à ses marchandises, était gêné par cette phase transitoire et incertaine ; enfin, la population française de la Tunisie, qui se livre principalement aux occupations commerciales (2), attendait avec impatience du gouvernement la solution de la question douanière.

Mais, pour sauvegarder à la fois les intérêts de la France et de la Tunisie, c'est-à-dire pour accorder un traitement de faveur à la Métropole, sans nuire à la prospérité croissante de notre protectorat, ni compromettre son équilibre budgétaire, sur quelles bases devait-on établir les futurs rapports commerciaux des deux pays?

Dans notre Introduction, nous avons successivement examiné les résultats commerciaux de l'application aux colonies françaises des régimes de l'autonomie et de l'assimilation en matière de douanes ; nous avons vu que l'expérience malheureuse du sénatus-consulte de 1866

(1) Décret du 28 décembre 1897, art. 3.

(2) Les statistiques du recensement de la population de la Régence en 1896 établissent que, sur 16.207 Français, 3.727, c'est-à-dire 23 o/o, sont commerçants : Rapport au Président de la République, 1896, p. 14.

avait détourné notre pays des doctrines libérales et orienté notre politique douanière vers un régime d'association plus intime entre la France et ses colonies.

Les résultats commerciaux satisfaisants obtenus par l'application de la loi du 11 janvier 1892 à notre domaine colonial semblaient imposer à notre gouvernement l'extension à la Tunisie du régime de l'assimilation (1). Bien plus, toutes les objections faites à ce régime pour les colonies éloignées de la Métropole ou les contrées de production spéciale ne s'appliquent pas à notre protectorat ; nos navires franchissent en moins de quarante heures la distance de Tunis à Marseille et le sol tunisien produit en abondance les céréales, les huiles et les vins de la France méridionale. L'heureux essai du régime d'assimilation en Algérie était une garantie de succès dans une région voisine.

Cependant, l'application de la loi de 1892 aurait eu des conséquences funestes pour la plus florissante de nos possessions. On sait que l'administration française, fort habilement dirigée par notre premier résident général M. Cambon et par ses successeurs, après avoir réorganisé les finances tunisiennes, a créé un budget qui, depuis 1884, a non seulement défrayé toutes les dépenses ordinaires du pays, mais s'est encore soldé chaque année par des excédents de roccttes, malgré la diminution progressive des impôts. Grâce aux conversions et

_____

(1) Récemment, le 17 avril 1897, une loi déclarait applicable, à l'île de Madagascar et ses dépendances, le régime douanier institué par la loi du 11 janvier 1892 pour les colonies et possessions françaises : *Journal Officiel*, p. 2273.

aux excédents budgétaires, le Trésor tunisien a bénéficié d'une somme que M. Leroy-Beaulieu évalue à 60 millions en 1894 et qu'il faut augmenter de 5 millions après le règlement du budget de 1897, malgré les mauvaises récoltes subies pendant les trois années consécutives 1895, 1896 et 1897 (1).

Ces excédents considérables ont servi à doter la Tunisie de travaux publics et à créer son premier outillage économique : le port de Bizerte a été construit, les ports de Tunis, de Sfax et de Sousse ont reçu des améliorations ; de chacun de ces ports rayonnent, sur les centres les plus importants, trois réseaux de chemins de fer, qui traversent les régions où la colonisation a déjà pénétré (2).

Dans une période de 12 ans, du 13 octobre 1884 au 31 décembre 1896, l'ensemble des travaux extraordinaires exécutés ou engagés a atteint la somme de 58 millions et demi. Si on ajoute à ce chiffre les dépenses de premier établissement, payées sur le budget ordinaire et qui ne représentent pas une somme moindre de 23 millions de francs, les travaux exécutés ou à exécuter dans les ports de Bizerte, Tunis, Sousse et Sfax en échange de

(1) Nous empruntons ces renseignements numériques :
1° A l'ouvrage de M. Leroy-Beaulieu, déjà cité, p. 504 ;
2° Au rapport du Président de la République (budget 1895 et 1896), p. 34, 1897 ;
3° A la *Quinzaine coloniale* (budget 1897), 10 août 1898, p. 464.
(2) Le nombre de kilomètres de voies ferrées actuellement exploitées dans la Régence est de 900 kil. environ. L'administration des chemins de fer de Tunis à la Goulette vient de passer (novembre 1898) de la Compagnie de navigation italienne à la Compagnie de Bône-Guelma. Désormais tous les chemins de fer tunisiens relèvent d'administrations *françaises.*

concessions d'expoitations et autres dont l'importance peut être évaluée à 14 millions, on trouve que les dépenses extraordinaires ne sont pas loin de représenter un total de 100 millions (1).

En outre, une partie de ces excédents a permis de constituer un fonds de réserve, dont le montant, fixé à 18 millions par décret du 21 juillet 1886 et réduit à 8 millions par décret du 6 novembre 1896, ne doit être utilisé que pour parer aux insuffisances éventuelles de recettes en cas de mauvaises récoltes.

La France ne pouvait, par des réformes douanières, compromettre la prospérité financière de son protectorat, qui s'avançait d'une marche rapide dans la voie du progrès, sans rien coûter à la Métropole. Responsable de la dette tunisienne, elle avait grand intérêt à ne pas détruire l'équilibre budgétaire, solidement établi par la prudence de notre administration.

Or, les droits à l'importation avaient été évalués à plus de 2 millions et demi dans les budgets prévus de 1897 et 1898 (2), sur un chiffre de recettes compris entre 23 millions et demi et 24 millions. Ils représentaient donc un peu plus du dixième des recettes budgétaires.

Que serait-il advenu de cette ressource importante sous le régime de l'assimilation douanière ? Les importations françaises et algériennes réunies constituaient, en 1897, le 58 o/o de l'importation totale en Tunisie ; cette proportion aurait été encore plus grande après la suppres-

---

(1) Rapport déjà cité, p. 35.

(2) Exactement : 2.519.000 fr. pour 1897 et 2.624.000 fr. pour 1898 : Bulletin de statistique et de législation, 1897 et 1898.

sion des droits d'entrée pour les produits de la Métropole et de ses colonies, tandis que la part de l'importation étrangère, arrêtée par des tarifs élevés, aurait diminué sensiblement. L'Angleterre seule, protégée par la clause du récent traité anglo-tunisien, qui accorde un droit maximum de 5 o/o à ses tissus de coton jusqu'en 1913, aurait conservé le monopole de cette fourniture. De plus, le commerce français, à la faveur de sa situation privilégiée, n'aurait pas tardé à supplanter ses concurrents et à fournir à la Tunisie les marchandises qu'elle demande au commerce des autres nations, telles que le sucre, les alcools, les tissus de soie, les métaux et les ouvrages en métaux, etc. La surélévation des droits sur les produits étrangers aurait donc été insuffisante pour combler le déficit créé par l'entrée en franchise des produits métropolitains.

La Conférence consultative (1), appelée à donner son

(1) La Conférence consultative a été créée en vertu d'une décision du ministre des affaires étrangères, en date du 24 octobre 1890 ; elle était destinée à servir de lien entre nos compatriotes et la Résidence. Sa composition et son rôle ont été modifiés par l'arrêté résidentiel du 22 février 1896 ; elle comprend :

1º Les membres des bureaux de la Chambre de commerce et de la Chambre d'agriculture du Nord, des Chambres mixtes du Centre et du Sud ;

2º Les membres élus par la délégation des électeurs français, non commerçants et non agriculteurs, dans les conditions réglées par arrêté résidentiel ;

3º Les vice-présidents français des villes érigées en communes ;

4º Les six chefs de service français du gouvernement tunisien.

La Conférence est convoquée chaque année, au cours du second et du quatrième trimestre, par le Résident général qui est le président de la Conférence.

La Conférence donne son avis sur les questions touchant les intérêts agricoles, industriels et commerciaux de la colonie française au sujet desavis sur cette éventualité, dans sa session de juin 1896, avait évalué à 2 millions la diminution de recettes qui aurait résulté de l'établissement en Tunisie du régime d'assimilation douanière.

Mais le gouvernement tunisien ne pouvait-il pas demander à l'impôt ces ressources complémentaires ?

Parmi les impôts directs, la medjba, ou taxe personnelle, est un impôt inique qui s'étend à tous les indigènes quelle que soit leur fortune, mais qui épargne les étrangers et nos colons. Cette taxe ne s'accorde plus avec les sentiments de justice d'une nation civilisée et doit disparaître le plus tôt possible ; elle a été diminuée toutes les fois que les recettes budgétaires l'ont permis.

L'impôt foncier, sous les divers noms de khanoun ou taxe des oliviers et dattiers, d'achour ou dîme sur les céréales, de caroube ou impôt sur la propriété bâtie, déjà soigneusement révisé par nos contrôleurs civils, pèse lourdement sur la production nationale.

L'impôt indirect, sous forme de mahsoulats ou droits perçus sur les marchés et de droits à l'exportation, paralyse les opérations commerciales ; depuis 1884, ces taxes ont été l'objet d'un dégrèvement progressif.

Enfin, le mauvais accueil fait aux droits de timbre et d'enregistrement a prouvé au gouvernement tunisien que

quelles le gouvernement du protectorat la consulte. Elle est consultée, en matière financière, toutes les fois qu'une mesure projetée peut avoir pour résultat d'introduire dans le budget de la Régence une charge nouvelle qui pèserait sur la colonie française.

Les séances de la Conférence ne sont pas publiques, mais les procès-verbaux sont publiés après chaque session par les soins de la Résidence. (*Journal Officiel tunisien*, 23 février 1896).

les impôts européens ne convenaient pas à ces peuples primitifs.

Puisque toute aggravation d'impôt était impossible, ne pouvait-on s'adresser aux revenus et produits du domaine de l'Etat pour rétablir l'équilibre du budget ? Les forêts domaniales constituent aujourd'hui le principal revenu des domaines de l'Etat tunisien. Dès l'occupation française, la Direction des forêts, créée par la Direction générale de l'Agriculture, commença l'exploitation des 500.000 hectares de forêts délaissées par l'incurie beylicale. Deux espèces d'arbres, le chêne-liège et le chêne zéen réussissent surtout en Tunisie ; ils y acquièrent de très belles proportions et forment rapidement de magnifiques futaies. Notre premier résident général, M. Cambon, enthousiasmé par les premiers résultats du reboisement, dans un calcul très optimiste, évaluait à 2 millions le revenu net de ces forêts au bout de dix ans, soit en 1894 environ. Le chiffre était excessif ; de nombreuses dépenses, telles que les travaux de démasclage et la surveillance contre les incendies, ont réduit ces merveilleuses prévisions ; les recettes ont suivi, il est vrai, une marche ascendante, mais le revenu net n'a atteint en 1894 qu'un chiffre voisin de 200.000 fr. (1). Cependant, les grandes dépenses nécessitées par la mise en valeur du domaine forestier vont en s'atténuant ; selon M. Leroy-Beaulieu, vers 1899 on peut espérer une recette nette de 500.000 fr. et à partir de 1905 une recette supérieure à 1 million (2).

(1) La Tunisie, t. I, p. 289.
(2) Leroy-Beaulieu. — Op. cit., p. 530.

Mais l'établissement d'un nouveau régime douanier était de toute urgence, et ces ressources complémentaires n'étaient réalisables que dans un avenir éloigné.

Pour conserver à la Tunisie sa brillante situation financière, la France devait-elle prolonger la période des sacrifices et ajourner encore toute réforme douanière ?

L'histoire commerciale de nos colonies nous enseigne qu'à côté des droits de douane destinés à la protection des produits métropolitains, il existe des droits de caractère purement fiscal destinés à remplir les caisses du Trésor local, connus sous le nom d'octroi de mer. Nous avons vu que, sous le régime du sénatus-consulte de 1836, l'octroi de mer frappait les marchandises de toute provenance, françaises et étrangères.

Depuis 1830, l'octroi de mer est appliqué en Algérie avec un caractère municipal ; le montant des sommes perçues sur les marchandises de toute nationalité, aux divers ports de la côte nord-africaine, est réparti entre les communes au prorata de leur population. La loi du 11 juillet 1867, qui réalisa l'assimilation douanière de la France et de l'Algérie, respecta cette taxe qui frappait les produits français, mais qui était une source de revenus pour les caisses municipales.

Cependant, lorsque la production algérienne eut atteint un développement considérable, la loi du 29 novembre 1884 vint amoindrir cette situation privilégiée de la colonie vis-à-vis la Métropole. Depuis cette époque, l'octroi de mer a perdu son caractère primitif et a été étendu à des taxes intérieures ; il est régi par les règles prescrites par l'ordonnance du 9 décembre 1814 et le décret du 12 février 1870 en matière d'octrois municipaux.

Les marchandises taxées sont surtout les denrées coloniales, c'est-à-dire les produits qui n'ont pas de similaires en France et en Algérie. La Métropole, dont les sucres sont nécessairement frappés comme les sucres coloniaux, n'est atteinte que dans ses alcools, ses liqueurs et ses bières ; ces derniers produits sont d'ailleurs soumis au tarif de l'octroi de mer lorsqu'ils sont fabriqués en Algérie.

Sous le régime de la loi du 11 janvier 1892, de 1892 à 1896, les revenus de l'octroi de mer algérien se sont élevés à une moyenne annuelle de 6 millions en chiffres ronds. A partir de 1896, les surtaxes imposées à la plupart des denrées coloniales et le droit de consommation de 75 fr. par hectolitre établi sur l'alcool ont augmenté de près de 4 millions le rendement de l'octroi de mer.

C'est à l'octroi de mer algérien transformé, à un ensemble de taxes fiscales sur les denrées coloniales et de droits de consommation sur certains produits que le gouvernement tunisien doit demander les ressources nécessaires pour combler le vide creusé au budget des recettes. Avec un octroi de mer très limité et soumis à son contrôle, la France n'a pas à craindre ces surcroîts de taxation qui, généralisés et pratiqués à l'excès par nos colonies sous le régime de l'autonomie douanière, favorisèrent l'importation étrangère au détriment de l'importation métropolitaine.

En outre, l'octroi de mer, appliqué avec modération, est un impôt qui convient à merveille à des peuples nouveaux ; payé par le négociant importateur, il se répartit d'une façon invisible entre les colons consommateurs, et ainsi sont évitées les formalités pénibles d'une perception et les mécontentements inévitables d'une répartition.

« L'octroi de mer, écrivait M. Leroy-Beaulieu en 1897, produit 6 millions aux trois départements algériens ; la Tunisie pouvant être considérée comme équivalant à l'un d'eux, on pourrait de ce chef se procurer 2 millions, ou tout au moins, en admettant une somme plus faible pour le début, 1 million et demi. Les marchandises frappées par l'octroi de mer algérien sont le sucre, le café, le poivre et les piments, la cannelle, la muscade et la vanille, les clous de girofle, l'alcool pur, les liqueurs, la bière, les marrons, châtaignes et leurs farines.

»Le montant actuel de l'importation des sucres en Tunisie dépasse 2 millions, celle du café 1 million, celle des autres denrées coloniales 300.000 fr. On obtiendrait aisément de ces produits, en y joignant le droit général de consommation sur l'alcool autre que le droit de douane, le premier portant aussi bien sur les alcools produits dans le pays que ceux importés du dehors, une somme d'environ 2 millions de francs» (1).

D'après les calculs de l'éminent économiste, le gouvernement tunisien pouvait espérer de l'application de l'octroi de mer et des droits de consommation, un rendement minimum d'un million et demi de francs. Si cette ressource ne lui permettait pas d'accorder la franchise à toute l'importation métropolitaine, elle était suffisante

1) Leroy-Beaulieu. — Op. cit., p. 551.

pour assurer à nos principaux produits une situation
privilégiée sur les marchés de la Régence.

Il était donc sage, en 1898, de renoncer à toute mesure
radicale, dangereuse pour la prospérité financière de
notre protectorat, et d'adopter une solution transitoire
qui, tout en respectant l'équilibre du budget tunisien,
donnât partiellement satisfaction aux légitimes réclamations du commerce français.

CHAPITRE III

La réforme douanière du 2 mai 1898

§ 1er. — LE PROJET RÉSIDENTIEL

Le projet de réforme douanière, préparé par le gouvernement du protectorat dès les premiers mois de 1898, repose sur des considérations économiques que le résident général actuel, M. René Millet, a exposées en ces termes dans son rapport au Bey : « D'une part, la France a droit en Tunisie à un régime privilégié ; d'autre part, les recettes douanières sont indispensables à l'équilibre du budget de la Régence dont elles représentent le cinquième (1).

» Enfin, la Tunisie n'est pas un pays nouveau : elle commerce de longue date avec toutes les nations de l'Europe et elle s'est créé avec elles des relations d'où sont issus des intérêts locaux considérables qu'il importe de

---

(1) Les recettes douanières de ces dernières années comprennent, outre les droits à l'importation qui procurent au Trésor un revenu un peu supérieur à 2 millions et demi, les droits à l'exportation qui produisent un peu moins d'un million et demi, soit un total de 4 millions environ, c'est-à-dire le sixième (et non le cinquième) du budget des recettes. Le gouvernement du protectorat s'efforce chaque année de réduire et de dégrever ces droits d'exportation qui gênent l'exportation tunisienne ; il est naturel dans une réforme douanière de prévoir les ressources nouvelles qui permettront de les supprimer complètement,

ne pas léser par de trop brusques et trop profonds chan-
gements» (1).

Dans le projet établi sur ces judicieuses remarques, les
pertes probables provenant soit des faveurs accordées au
commerce métropolitain, soit des abaissements de tarifs
commandés par les traités, soit de l'application du tarif
minimum français aux vins étrangers et d'un tarif prohibitif aux huiles de graines et aux graines oléagineuses (2), trouvent une compensation dans des ressources
nouvelles apportées au Trésor par l'établissement de droits
fixes sur le café et les denrées coloniales et de droits de
consommation sur le sucre et les alcools.

Avant de soumettre ce projet à la sanction beylicale,
le Résident général était tenu de prendre l'avis de la
Conférence consultative, dont le rôle essentiel est d'être
auprès du gouvernement le porte-voix des vœux des
colons. D'après l'article 4 de l'arrêté du 22 février 1896,
cette assemblée doit être consultée chaque fois qu'une
mesure projetée peut avoir pour résultat d'introduire dans
le budget de la Régence une charge nouvelle.

(1) *Journal Officiel tunisien*, 3 mai 1898, p. 307.
(2) Comme exemple d'abaissements de tarifs commandés par les traités,
nous rappelons le droit privilégié de 5 o/o accordé aux tissus de coton
anglais par la récente convention anglo-tunisienne ; cette faveur a été
étendue par la clause de la nation la plus favorisée à toutes les nations
ayant des traités avec la Tunisie.
Rappelons aussi que, depuis la dernière convention italo-tunisienne, les
vins d'Italie ne peuvent être soumis à un tarif supérieur au tarif minimum
français.
De récents décrets beylicaux (28 décembre 1897), dans le but de protéger les huiles de la Régence, ont appliqué des tarifs prohibitifs aux huiles
de graines et aux graines oléagineuses.

Dans ses deux sessions de 1896 et 1897, la Conférence consultative s'était déjà préoccupée du régime commercial qu'il conviendrait de substituer au régime alors en vigueur, lorsque la France aurait repris son entière liberté vis-à-vis des puissances étrangères. Elle avait manifesté des craintes à l'égard de l'application de la loi du 11 janvier 1892, étendue à toutes nos colonies et à notre protectorat d'Indo-Chine, et elle avait étudié les diverses ressources destinées à faire face au déficit qui pouvait en résulter.

La Conférence consultative accueillit favorablement la réforme libérale proposée par M. Millet ; elle approuva, sauf quelques légères modifications, les divers articles du nouveau tarif douanier ; mais, après avoir accepté les sacrifices nécessaires réclamés par l'opinion et l'industrie de la Métropole, elle demanda en faveur du colon qui allait supporter une majoration des prix, conséquence du régime privilégié accordé au commerce français, la suppression progressive des douanes intérieures et des droits d'exportation (1).

(1) Nous empruntons au procès-verbal de la Conférence consultative du 29 avril 1898, publié dans le *Journal Officiel tunisien* du 14 mai 1898, p. 358, les conclusions adoptées par la Commission plénière : « La Conférence consultative, après étude détaillée du projet du Gouvernement sur les modifications à apporter immédiatement dans le régime douanier de la Tunisie ;

» Exprime le vœu que le pétrole reste taxé à 8 o/o, ainsi que les bois de construction, et que le droit sur l'alcool soit porté à 50 fr. ;

» Que le tarif concernant les pailles et les fourrages soit fixé au droit spécifique de 0 fr. 40 par quintal, sauf supension du droit pendant les années de sécheresse ;

» Constate, d'après une moyenne résultant des statistiques douanières

Les modifications et abaissements de droits demandés par cette assemblée furent acceptés par la Résidence générale, désireuse de donner satisfaction aux représen-

des cinq années 1892-1896, non compris la plus faible et la plus forte, que la réforme ainsi établie se solderait de la manière suivante :

» *A*. — Perte provenant :

» 1° Des abaissements de tarifs commandés par les traités ;

» 2° Des faveurs accordées au commerce métropolitain ;

» 3° De l'application du tarif minimum français aux vins étrangers, et d'un tarif prohibitif aux huiles de graines et aux graines oléagineuses, soit . . . . 1.175.000 fr.

» *B*. — Ressources à l'aide desquelles le déficit sera comblé:

» 1° Droits fixes sur le café et les denrées coloniales . . 775.000 fr.

» 2° Droits de consommation sur les sucres et les alcools 1.100.000

Total. . . . . . 1 875.000 fr.

» D'où il faut défalquer . . . . 1.175.000 fr.

» Soit un disponible de . . . . 700.000 fr.

qui doit être affecté à des dégrèvements douaniers ;

» Exprime le désir que ces dégrèvements soient les suivants :

» 1° Abaissement du droit de sortie des huiles de 12 fr. 37 les 100 kilos à 6 fr., soit. . . . . 500.000 fr.

» 2° Suppression complète du droit de sortie sur les dattes 40.000

» 3° Abaissement du droit de sortie sur les éponges, à 10 fr. non lavées et 20 fr. lavées, soit. 15.000

» 4° Abaissement des droits de sortie sur les peaux : peaux de bœufs, de 7 fr. 50 à 4 fr.; peaux de chèvres, de 12 fr. 65 à 6 fr. ; peaux de moutons, de 9 fr. 90 à 5 fr., soit. 35.000

» 5° Suppression de tout droit de sortie sur les poissons autres que frais ou sous glace, thon et boutargue compris, soit. 10.000

» Émet le vœu que le produit du droit de consommation sur l'alcool au-dessus d'un rendement de 400.000 fr. non affecté aux dégrèvements ci-dessus, soit réservé pour concourir à la suppression progressive du droit de mahsoulat sur les céréales ;

» Et que les plus-values ultérieures qui pourraient provenir de la réforme douanière soient employées, autant que possible, à la suppression totale des droits d'exportation, en commençant par les droits sur l'alfa »,

tants des intérêts des colons, et l'entente complète du gouvernement et de la Conférence consultative fut consacrée dans l'ordre du jour suivant, voté à l'unanimité :

«La Conférence consultative, après avoir reçu la communication du gouvernement sur la question douanière,

» Donne son adhésion complète aux mesures qui y sont énoncées ;

» Constate qu'elle simposent à la consommation une surcharge aussi modérée que les circonstances le permettent et qui se compense pour la colonie par un plus juste équilibre entre les droits d'entrée et de sortie ;

» Exprime sa satisfaction de l'application du tarif minimum français aux vins étrangers et de l'établissement d'un tarif prohibitif aux huiles de graines et aux graines oléagineuses ;

» Se félicite des avantages considérables qui vont être faits, sans plus attendre, au commerce métropolitain sur le marché tunisien ;

» Et renouvelle le vœu que, dès que faire se pourra, le régime de la loi douanière de 1890 reçoive les améliorations indispensables au développement économique du pays et de la colonisation française» (1).

Le projet résidentiel, ainsi modifié par la Conférence consultative, a été approuvé par le Bey, et le décret consacrant cette approbation a été promulgué le 2 mai 1898.

Cette solution de la question douanière en Tunisie, acceptée sans opposition et dans son intégrité par tous ceux qui avaient mission de la chercher, est donc la solu-

_____

(1) *Journal Officiel tunisien,* 14 mai 1898, p. 358.

tion véritable, imposée par la situation nouvelle que la
dénonciation du traité anglo-tunisien avait créée dans
notre protectorat.

§ 2. — LA RÉFORME DOUANIÈRE DU 2 MAI 1898.

Le nouveau régime douanier tunisien est un régime
mixte qui abolit l'ancien tarif uniforme de 8 o/o sans établir l'assimilation complète entre la Métropole et son
protectorat. C'est un régime transitoire qui accorde un
traitement privilégié à la France au détriment des nations
étrangères, sans toutefois octroyer la franchise à tous les
produits français, ni opposer notre tarif général de 1892
aux produits des autres pays.

I. — LES NOUVEAUX TARIFS. — La réforme actuelle
s'est proposée de protéger la production tunisienne, de
favoriser les grandes industries françaises et de rendre
possible la continuation des relations commerciales de la
Régence avec les nations étrangères. Examinons les nouveaux tarifs successivement à chacun de ces points de
vue particuliers.

1° *Protection de la production tunisienne.* — La Tunisie est un pays essentiellement agricole ; sa productivité,
affaiblie par plusieurs siècles de barbarie, augmente de
jour en jour par l'application de nos méthodes de culture
perfectionnées : les récoltes en céréales sont abondantes ;
l'olivier croît facilement et produit en grande quantité
des huiles renommées ; enfin la vigne, cultivée dès le

début de l'occupation française par nos colons avec d'autant plus d'ardeur que le vignoble métropolitain se défendait avec peine contre le phylloxera et que la Tunisie était alors — comme aujourd'hui d'ailleurs — indemne de ce fléau, donne des résultats satisfaisants. C'est vers cette dernière culture que se sont portés de préférence les gros capitaux, aussi le vignoble tunisien s'est-il rapidement étendu ; en 1898, on évalue à 6.100 hectares la superficie des vignes en plein rapport (1).

Pour compléter l'énumération des principaux articles de la production tunisienne, il faut ajouter la récolte des dattes et l'élevage du bétail. Les nouveaux droits à l'importation devaient être établis en vue de la prospérité progressive de ces divers produits.

La quantité des céréales récoltées annuellement en Tunisie dépasse les besoins de la consommation indigène et l'excédent s'écoule par voie d'exportation ; plus abondants que dans les pays voisins, ces produits n'ont pas à craindre la concurrence étrangère ; la Conférence consultative a seulement demandé la suppression du droit de mahsoulat qui entrave à l'intérieur le commerce des céréales. Dans les tarifs à l'importation actuels, les céréales en grains sont exemptes de tout droit d'entrée, à l'exception du seigle et de l'avoine frappés d'un léger droit de 1 fr. 20 par 100 kilos ; quant aux céréales en farine, elles sont soumises au droit modéré de 8 o/o de leur valeur (2).

(1) *Quinzaine coloniale*, 10 août 1898, p. 465.

(2) Le nouveau tarif des douanes est publié *(in extenso)* dans le *Journal Officiel tunisien* du 3 mai 1898 ; c'est à cette source que nous puisons nos renseignements numériques.

Les huiles d'olives, au contraire, avaient besoin d'une double protection : d'abord, elles avaient à se défendre contre les produits similaires extraits des graines oléagineuses ; ensuite, elles étaient soumises au droit d'exportation de 12 fr. 37 par 100 kilos, taxe excellente au point de vue fiscal, mais très lourde au point de vue commercial. La concurrence des fruits et graines oléagineux, dangereuse pour la production nationale, avait été écartée, avant l'établissement des nouveaux tarifs, par des décrets beylicaux prohibitifs (28 décembre 1897) portant à 12 fr. par 100 kilos le droit d'entrée de ces produits en Tunisie ; ce taux a été maintenu. D'un autre côté, à la sortie, le droit exorbitant de 12 fr. 37 par 100 kilos a été abaissé à 6 fr., sur le désir de la Conférence consultative et malgré une perte pour le Trésor évaluée à 500.000 fr. Enfin, un droit d'entrée de 20 fr. sur les huiles d'olives et de 35 fr. sur les huiles d'une autre nature permet aux huiles tunisiennes de lutter victorieusement, en Tunisie, contre les huiles étrangères, et en particulier contre les huiles italiennes récoltées en abondance, produites à peu de frais et indemnes des impôts nombreux qui atteignent les huiles de la Régence.

Dans le tableau des marchandises françaises admises en franchise figurent les huiles pures d'olives, de ricin et de lin ; mais la faveur est bien insignifiante, puisque la production française ne peut suffire à la consommation nationale.

La vigne ne donne pas en Tunisie le rendement remarquable de l'olivier ou du champ ensemencé en céréales ; le rendement moyen s'est élevé à peine à 42 hectolitres à l'hectare cette année (1898), où la récolte est considérée comme exceptionnelle ; il est descendu à 25 hectolitres à l'hectare les années médiocres (1895) (1). — Il était donc nécessaire de protéger la production vinicole tunisienne contre la production plus abondante des pays voisins, l'Espagne, l'Italie et même l'Algérie et la France. D'autre part, un article du traité italo-tunisien de 1896 avait fixé le tarif minimum français comme la limite supérieure des droits d'entrée susceptibles d'être perçus en Tunisie sur les vins d'Italie ; dans la réforme douanière, c'est ce tarif minimum qui a été appliqué aux vins étrangers. Ces derniers sont taxés jusqu'à 11 degrés exclusivement à raison de 0 fr. 70 par degré alcoolique et par hectolitre de liquide, et à partir de 11 degrés inclusivement à raison de 0 fr. 70 par degré alcoolique et par hectolitre de liquide pour les dix premiers degrés ; par chaque degré en sus, ils paient un droit de 1 fr. 50. Les vins de France et d'Algérie sont soumis au paiement d'une taxe fiscale modérée de 10 o/o de leur valeur, traitement qui leur assure une situation privilégiée sur le marché tunisien.

Quant aux autres boissons fermentées, vinaigres, cidres, poirés et bières, elles sont assujetties au droit général et uniforme de 8 o/o *ad valorem*.

Les dattes, qui étaient soumises à des droits d'exportation variables avec leur provenance et assez élevés pour procurer au Trésor un revenu annuel de 40.000 fr., sor-

---

(1) Ces chiffres sont empruntés, pour 1898, à la *Quinzaine coloniale*, 10 août 1898, et pour 1895, au Rapport officiel sur la situation de la Tunisie, déjà cité, page 20.

tiront désormais en franchise de la Régence. La suppression de ces droits a été accordée à la Conférence consultative. Cette assemblée a encore obtenu dans les nouveaux tarifs des abaissements notables de ces droits qui paralysent l'essor du commerce tunisien et, de concert avec le gouvernement, elle poursuit leur suppression totale.

L'examen du tableau comparatif des droits d'exportation en 1897 et en mai 1898 (voir ci-contre) permet de constater le progrès accompli dans ce sens et les avantages qu'apporte à la Tunisie la réforme des anciens tarifs douaniers.

2° *Protection de l'industrie française.* — En Tunisie, dans ce pays neuf où l'agriculture était devenue rapidement prospère, l'industrie locale n'avait pas encore eu le temps de se développer ; aussi la lutte était-elle particulièrement vive entre la France et les autres nations au point de vue industriel. La Métropole demandait depuis longtemps des tarifs protecteurs qui lui permissent de triompher sur le marché tunisien des industries rivales ; assurer cette préférence à l'importation des produits français était l'idée principale qui devait présider à l'élaboration de la réforme douanière.

Les nouveaux tarifs accordent la franchise à la majeure partie des produits de nos grandes industries nationales, et comme cette franchise aurait pu ne pas constituer à elle seule une protection suffisante pour ces industries, les marchandises similaires d'origine étrangère ont été frappées de droits calculés de manière à écarter la concurrence des autres nations.

TABLEAU COMPARATIF DES DROITS D'EXPORTATION
EN 1897 ET 1898

DÉSIGNATION des MARCHANDISES	UNITÉS sur lesquelles portent les droits	DROITS EN FRANCS 1897	1898
		fr. c.	fr. c.
Animaux de l'espèce ovine exportés par la frontière de terre du 1er avril au 30 juin, revêtus de leur pleine laine	Par tête	0 30	0 30
Dattes ⟨Degla	100 kil.	6 »	Exempts
Dattes ⟨Horra	—	2 50	» »
Dattes ⟨Autres	—	0 75	» »
Chiffons	—	2 55	2 55
Eponges ⟨non lavées	—	18 60	10 »
Eponges ⟨lavées	—	37 35	20 »
Grignons	—	0 35	0 35
Alfa et diss.	—	1 27	0 50
Huile ⟨d'olives	—	12 37	6 »
Huile ⟨de grignons	—	2 50	1 50
Laine en suint et déchets de laine.	—	12 »	12 »
Laine lavée	—	20 »	Exempt
Olives fraîches, des pays de Kanoun	—	3 97	3 97
Peaux ⟨de bœufs, de vaches, de veaux, de chevaux, de mulets, d'ânes	—	7 50	4 »
Peaux ⟨de chèvres et de chevreaux.	—	12 45	6 »
Peaux ⟨de moutons et d'agneaux.	—	9 90	5 »
Poissons salés, secs, fumés.	—	0 97	Exempt
Poulpes	—	12 45	12 »
Tissus de laines	—	5,10 %	5,10 %

Si l'on compare les importations en Tunisie des différents pays d'Europe pendant une année, pendant l'année 1896 par exemple dont les statistiques douanières sont les plus récentes, on constate que :

Pour les soies grèges, moulinées et teintes et fils de toutes sortes, la France importe 832.159 fr. de marchandises et l'Italie 545.890 fr. sur un total de 1.604.264 fr.

Pour les métaux bruts et ouvrés, la France importe 2.567.887 fr. de marchandises et la Belgique 750.819 fr. sur un total de 3.553.799 fr.

Pour les machines et mécaniques, la France importe 632.566 fr. de marchandises et la Belgique 81.245 fr. sur un total de 798.243 fr.

Pour les tissus de coton, la France importe 605.849 fr. de marchandises, l'Angleterre 2.692.236 fr. et Malte 660.190 fr. sur un total de 4.439.109 fr.

Pour les vins et alcools, la France importe 604.441 fr., l'Autriche-Hongrie 215.912 fr. et l'Italie 327.356 fr. sur un total de 1.929.017 fr. (1).

D'après le nouveau tarif des douanes, ces diverses marchandises entrent en franchise si elles sont de provenance française ; elles paient, au contraire, un droit suffisant pour les écarter si elles sont de provenance étrangère. Ainsi, les soies italiennes ouvrées ou moulinées sont taxées à raison de 300 fr. les 100 kilos ; les machines et les métaux étrangers sont soumis à des droits variables selon leur nature et leur usage, tandis que les produits similaires français sont exemptés de toute taxe. Cependant, les tissus de coton anglais, en vertu d'un article du récent traité anglo-tunisien, sont frappés seulement d'un droit de 5 o/o et nuiront à l'importation des tissus de coton français jusqu'à l'expiration du traité.

(1) Rapport déjà cité. Annexe H, p. 131.

Le nouveau tarif assure désormais à la Métropole la vente exclusive en Tunisie de l'alcool et du sucre qu'elle importait jusqu'ici en petite quantité.

Les produits français et algériens admis en franchise de tous droits de douane sont énumérés dans un tableau annexé au tarif général tunisien que nous reproduisons à la fin de cette étude — Annexe II — d'après le *Journal Officiel tunisien* du 3 mai 1898.

Nous ne pouvons entrer dans l'examen détaillé des exemptions et nous nous bornons à reconnaître que les principales industries métropolitaines, celles des fils, des tissus, des métaux et ouvrages en métaux, des machines, de la carrosserie, jouissent aujourd'hui d'une protection suffisante pour supplanter définitivement en Tunisie les industries similaires étrangères.

3° *Continuation des rapports commerciaux de la Tunisie et des nations étrangères.* — L'ancien traitement de faveur accordé par la Régence aux nations qui entretenaient avec elle des relations commerciales a pris fin en même temps que le traité anglo-tunisien du 19 juillet 1875. Les marchandises étrangères seront à l'avenir frappées à leur entrée en Tunisie de droits plus élevés, conséquence nécessaire de la protection obtenue par la Métropole et de la politique douanière pratiquée de nos jours. Cependant, le nouveau tarif tunisien s'efforce de concilier ces intérêts opposés : il établit des droits légers très inférieurs à ceux du tarif métropolitain, ou même il conserve l'ancien droit de 8 o/o *ad valorem* sur les marchandises que n'exporte pas la France, comme les farineux alimentaires, les bois et ouvrages en bois, les denrées coloniales, et il soumet au tarif minimum français les divers produits de l'industrie, comme les fils, les métaux et ouvrages en métaux, les machines, les tissus, sauf les tissus de coton (1).

L'Italie, par exemple, dont le commerce avec la Tunisie est considérable, n'éprouve pas un grand dommage dans la substitution du tarif minimum français à l'ancien tarif de 8 o/o *ad valorem* pour toutes les marchandises. « En prenant pour base l'année 1895, dit un compte rendu officiel italien, on constate que le chiffre total de marchandises importées en Tunisie (sous le régime du 8 o/o) étant fixé à 5 millions de francs, avec le tarif minimum français un peu plus du quart sera affranchi de tout droit d'entrée, un peu moins du dixième jouira d'une réduction, un quart environ sera taxé à un chiffre équivalant au droit actuel, et un tiers sera frappé de droits notablement plus élevés » (2).

Si on remarque que les machines et outils agricoles sont exempts de tout droit, d'après les décrets beylicaux du 9 septembre 1885, que les matières premières jouissent du même privilège dans le nouveau tarif, que les vins sont placés sous le régime du tarif minimum français, que les tissus de coton sont taxés au 5 o/o *ad valorem*, on est amené à conclure que la réforme douanière récemment élaborée fait au commerce étranger toutes les

---

(1) Voir pour les détails comparatifs le *Journal Officiel* du 12 janvier 1892, qui publie le tarif général français, p. 169 et suiv. ¹

(2) Arch. dipl., t. LXI, 1897, p. 108.

concessions compatibles avec la situation nouvelle de
notre protectorat.

II.—LES TAXES COMPENSATRICES. — Les avantages consentis aux importations françaises entraînent pour les
recettes tunisiennes une perte qu'on ne peut compenser
qu'en frappant d'autres marchandises.

C'est à des taxes analogues aux taxes fiscales, dési-
gnées en Algérie sous le nom d'octroi de mer, que le gouvernement du protectorat a demandé les ressources
supplémentaires indispensables à l'équilibre du budget
de la Tunisie. Le rapport résidentiel s'exprime ainsi :
«C'est aux produits de consommation que ce sacrifice
est demandé : le sucre, le café et les autres denrées coloniales. Ces produits sont frappés dans tous les pays.
Comme ils sont d'une consommation universelle, la
charge qui les frappe se répartit par minimes fractions,
de manière à être moins appréciable pour chacun. Ce qui
importait, c'est de les frapper dans la limite où il ne peut
en résulter un renchérissement trop grand des choses
nécessaires à la vie et c'est que nous nous proposons.

»L'alcool était plus particulièrement désigné pour fournir un appoint important à notre équilibre financier. La
taxe projetée a été mesurée, toutefois, en vue d'y habituer
la consommation et d'éviter pour le moment une régle-
mentation trop rigoureuse» (1).

En conséquence, les produits désignés sous le nom
de denrées coloniales, tels que le café, que le cacao, le

(1) Journal Officiel tunisien, 3 mai 1898, p. 307.

poivre, le piment, le thé, le girofle, etc., sont frappés, dans le tarif tunisien, de droits considérables, qu'il faut distinguer des droits ordinaires de douane, car ce sont des droits fiscaux. Le café, par exemple, est taxé à raison de 60 ou 65 fr. les 100 kilos, suivant qu'il est en fève ou bien torréfié; le cacao broyé est taxé à raison de 70 fr. les 100 kilos. On ne trouvera pas ces chiffres exagérés, si on remarque que le tarif métropolitain est encore plus rigoureux, puisque les droits d'importation s'élèvent à 156 et à 208 fr. pour le café, et à 150 fr. pour le cacao.

Le sucre et l'alcool sont atteints d'une double taxe à leur entrée dans la Régence; ils sont frappés d'un droit d'importation et d'un droit de consommation perçus simultanément par l'Administration des douanes, au moment même de l'importation, d'après l'art. 2 du décret beylical du 2 mai 1898.

Pour le sucre, la quotité du droit d'importation varie avec son état : par 100 kilos, ce droit s'élève à 4 fr. pour les sucres bruts, à 6 fr. pour les sucres raffinés autres que candis, à 25 fr. pour les sucres raffinés candis. Le droit de consommation distingue aussi les trois états précédents ; il a été fixé, par 100 kilos, à 6 fr. pour les sucres bruts, à 10 fr. pour les sucres raffinés autres que candis et à 25 fr. pour les candis. En définitive, l'administration des douanes tuisiennes perçoit, par 100 kilos de sucre, un droit total de 10 fr., 16 fr., ou 40 fr., suivant l'état du produit.

Quant à l'alcool, le droit d'importation est fixé, par hectolitre d'alcool pur, à 10 fr. pour les eaux-de-vie, rhum, tafias, esprits de toute sorte, et à 15 fr. pour les liqueurs. Le droit de consommation est fixé à 50 fr. par hectolitre d'alcool pur contenu soit dans les eaux-de-vie, soit dans les vins de composition, soit dans les vins naturels alcoolisés ou non alcoolisés (de degré supérieur à 15°,9), soit dans les eaux distillées alcooliques, soit dans les diverses alcoolatures chimiques. Les absinthes, eaux-de-vie et liqueurs en bouteilles seront considérées comme titrant 60° et sont aussi soumises au droit unique de 50 fr. par hectolitre d'alcool pur. La somme perçue sur l'hectolitre de ce produit à l'entrée en Tunisie s'élève donc à 65 fr. pour les liqueurs et à 60 fr. pour les autres liquides alcooliques.

Mais les droits de consommation ne frappent pas seulement les marchandises venant de l'extérieur, ils s'appliquent aussi à la production indigène, et cette universalité les différencie des droits de douane qui n'atteignent que le produit étranger.

Pour faciliter la perception de ces droits à l'intérieur de la Régence, un décret beylical du 2 mai 1898 oblige tout fabricant ou producteur d'alcool, esprits, eaux-de-vie, liqueurs et autres produits à base d'alcool, à faire, au bureau des contributions diverses, une déclaration indiquant le lieu et la nature de sa fabrication ainsi que les moyens de production dont il dispose.

Le même décret règle la situation des alcools et des sucres importés, fabriqués ou détenus avant l'application des nouveaux droits : tout fabricant, commerçant ou détenteur des produits soumis aux droits de consommation sera tenu de déclarer l'espèce et la quantité de ceux existant en sa possession, et les quantités existantes de ces produits acquitteront la taxe correspondante. Le paiement des droits exigibles aura lieu au comptant ou pourra être effectué à terme, au moyen d'obligations cautionnées. Enfin la répression de la fraude est mentionnée dans l'article suivant :

Les contraventions aux dispositions du décret et à celles des règlements spéciaux qui interviendront pour son exécution seront punies d'une amende de 500 fr. à 5.000 fr., indépendamment de la confiscation des produits en fraude et du remboursement des droits fraudés.

L'application immédiate de ce décret a soulevé, de la part des négociants et industriels tunisiens, d'assez nombreuses réclamations en ce qui concerne les liqueurs et spiritueux.

«On a fait remarquer, dit un journal local, que les liqueurs et spiritueux fabriqués dans le pays avaient généralement un titre inférieur à 60 degrés. Quant au stock des liqueurs importées, ces liqueurs, venant la plupart de France, ont acquitté déjà le 8 o/o. Désormais elles entreront en franchise et le droit de consommation sera, dans certains cas, inférieur à l'ancien droit de 8 o/o. Les négociants ont fait remarquer que, dans ces conditions, l'application du droit de consommation aux liqueurs importées sous le régime du 8 o/o et ayant déjà acquitté ce droit de douane peut conduire à des conséquences, en fait, très rigoureuses » (1).

En présence de ces justes observations, présentées par la Chambre de commerce de Tunis, l'administration s'est engagée à appliquer les droits avec une grande modéra-

(1) *Dépêche tunisienne* du 11 mai 1898,

tion, pourvu que les déclarations d'existence soient sincères, complètes et promptes.

Ces inconvénients sont d'ailleurs passagers et inhérents à la période transitoire de l'ancien régime au nouveau.

Telle est, dans ses grandes lignes, la réforme douanière accomplie le 2 mai 1898 par le gouvernement tunisien, sous l'inspiration de la Résidence générale et avec l'approbation de la Conférence consultative. Le récent régime donne à la politique économique de la Régence une orientation nouvelle et nécessaire : il n'exige pas de nos colons d'onéreux sacrifices, il ménage les intérêts locaux autant qu'il se pouvait, et enfin, à l'égalité commerciale pour toutes les nations, il substitue sur le marché tunisien la suprématie légitime du pays protecteur.

§ 3. — APPRÉCIATION DU NOUVEAU RÉGIME DOUANIER

Grâce à l'heureuse conciliation des idées protectionnistes de la France et des tendances autonomistes de la Tunisie, la réforme douanière obtint, au début, l'approbation générale.

La Conférence consultative, lors de la discussion du projet résidentiel, avait déjà donné son adhésion complète aux nouveaux tarifs et voté un ordre du jour de félicitations aux pouvoirs publics.

Le lendemain de la promulgation des décrets beylicaux, les journaux tunisiens louèrent sans réserve l'œuvre du gouvernement et la sanction des représentants de la colonie française : «Sans entrer, pour le moment, dans

l'examen détaillé des propositions qui ont été adoptées,
disait l'un d'eux le 5 mai, nous tenons cependant à être
des premiers à féliciter les représentants de la colonie
d'avoir fait acte à la fois de patriotisme et de bonne politique en allant au-devant des intentions du gouvernement métropolitain, en vue d'assurer d'ores et déjà à la
mère-patrie les privilèges auxquels son commerce a des
droits incontestés.

»Contrairement à ce qu'il était permis de craindre,
non seulement la réforme douanière se suffira à elle-
même, mais encore il en résultera, par suite de l'augmentation des droits sur certains produits étrangers, un
excédent de recettes qui permettra de dégrever à leur
sortie les produits de notre agriculture» (1).

La presse française constatait à son tour les bons résultats de la réforme : « Les adversaires du protectorat, lisait-
on dans le *Temps*, n'avaient plus qu'une objection contre ce
système (de colonisation). Ils convenaient qu'il a assuré à
la Tunisie une tranquillité parfaite depuis qu'il fonc-
tionne, qu'il ne demande aucun sacrifice à la Métropole,
qu'il a favorisé un prompt développement du pays. Tout
cela est vrai, disent-ils, mais qu'y gagnent notre commerce et notre industrie, puisqu'on ne peut leur y faire
une situation privilégiée ? Voilà cette dernière objection
disparue ! Il n'y a désormais plus de raison pour qu'on
n'ait pas en France, du protectorat, l'opinion qu'en ont
les colons tunisiens eux-mêmes. Des colons contents du

(1) *Dépêche tunisienne* du 5 mai 1898.

régime auquel ils sont soumis , le cas n'est-il pas rare ? » (1).

Cependant, après l'enthousiasme des premiers jours, les attaques contre la réforme commencèrent : « A la réunion publique de la colonie française, dit le *Progrès du Centre*, journal tunisien, convoquée pour protester contre les nouveaux droits de consommation, M. Paulard a demandé le vote d'un ordre du jour en faveur de l'union douanière absolue avec la France. Si cette idée se réalisait, les produits français entreraient en complète franchise en Tunisie, et le traitement équivalent serait accordé à nos produits à leur entrée en France » (2).

Et ce journal, qui s'intitule « organe spécial des intérêts agricoles, industriels et commerciaux du centre de la Régence », exposait les avantages de l'union douanière complète pour la Tunisie et la Métropole, mais il négligeait de signaler les considérations fiscales et économiques qui s'opposent à la réalisation immédiate de ce régime.

Comme la critique d'une situation acquise est chose agréable et toujours écoutée avec faveur, le nombre des mécontents s'est accru peu à peu ; ceux qui célébraient naguère le nouveau régime se sont mis à le décrier ; et, à la réception officielle du 14 juillot, les représentants de la colonie française, parmi lesquels se trouvait le Président de la Chambre de commerce, qui avait voté la

(1) *Le Temps* du 12 mai 1898.
(2) *Le Progrès du Centre* du 12 juillet 1898.

réformé douanière comme membre de la Conférence consultative, ont présenté à M. Millet les doléances de la population tunisienne au sujet des droits de consommation.

Nous empruntons au journal *Le Temps* le résumé des griefs énumérés au cours de cette réception« : Le Président de la Chambre de commerce, écrit le correspondant de ce journal. réclame un allègement dans la législation sur les alcools ; il se déclare opposé à l'établissement de l'exercice sur les spiritueux, disant que les économies doivent suffire à équilibrer le budget ; il constate que toute la population réprouve les taxes de consommation ; enfin il réclame des encouragements pour l'industrie privée.

»Le représentant de la Chambre d'agriculture proteste contre les taxes de consommation. Il dit que le gouvernement trouverait des ressources dans une application plus exacte de l'achour, et par une extension de la medjba ou taxe personnelle sur les indigènes.

»Le délégué du 3ᵉ collège approuve le nouveau régime douanier et les mesures prises pour favoriser le commerce et l'industrie de la Métropole, mais il regrette que la Conférence consultative ait approuvé des impôts produisant le renchérissement de la vie» (1).

Ces protestations un peu tardives se résument dans cette critique : les droits de consommation sont réprouvés par la population tunisienne ; on aurait pu les remplacer

_____

(1) *Le Temps* du 15 juillet 1898. Nous n'avons reproduit que la partie économique du compte rendu.

par des économies sur le budget des dépenses ou par un
supplément de recettes aux impôts directs.

M. Millet a répondu que « le gouvernement du protectorat a été obligé de remplacer par des taxes de consommation certaines ressources douanières enlevées à la suite
d'accords commerciaux conclus avec la Métropole et les
pays étrangers ; et que le Résident général avait dû résis-
ter à l'application en Tunisie du régime fiscal d'Algérie
qui aurait occasionné 4 millions d'impôts nouveaux au
lieu de 1 million et demi» (1). Ajoutons que ces taxes de
consommation ont l'avantage de se répartir silencieuse-
ment et portent sur des produits de luxe. L'alcool est
frappé dans tous les pays ; en Algérie, les droits qui l'atteignent sont supérieurs aux droits récemment établis en
Tunisie (2) ; c'est le produit fiscal par excellence : la taxe
de 50 fr. par hectolitre est modérée, elle sera sans doute
augmentée plus tard. L'agriculture compte même sur la
productivité de cet impôt pour réclamer la suppression
progressive du droit de mahsoulat sur les céréales.

Le gouvernement ne pouvait pas demander aux impôts
directs un supplément de recettes ; nous avons vu, dans
le chapitre précédent, qu'il était impossible au producteur, lourdement taxé, de supporter un nouveau sacrifice : les efforts de l'administration doivent tendre, au
contraire, à diminuer le chiffre de la contribution indi-

---

(1) *Le Temps*, art. cité.
(2) L'alcool subit en Algérie un droit d'entrée de 45 fr. par hectolitre, et,
en outre, un droit de consommation de 75 fr par hectolitre, qu'il soit in-
troduit dans le pays ou qu'il y soit fabriqué.

viduelle qui s'élève au 13 o/o du revenu, dès que les
recettes budgétaires autoriseront ce dégrèvement.

L'industrie locale ne peut voir que d'un bon œil ce
nouveau régime qui lui permettra de naître et de se
développer ; les matières premières dont elle se sert lui
parviendront désormais exemptes de droits d'entrée ;
elle se verra l'abri de la concurrence étrangère mieux
outillée, par suite de l'élévation des taxes douanières
sur les objets fabriqués ; elle saura produire elle-même
les articles de qualité inférieure que la France ne fabri-
que pas ou que le coût du transport empêcherait de par-
venir sur le marché tunisien.

Comme conséquence des nouveaux tarifs douaniers,
on signale la création récente, en Tunisie, d'une société métallurgique et minière qui, par un nouveau procédé, obtiendrait, en traitant simultanément les mine-
rais de plomb et de zinc, le plomb et le zinc à l'état
métallique dans une même opération (1). Ainsi la
calamine, la blende et la galène, abondantes en Tunisie,
jadis exportées au-dehors pour le traitement métallurgique, seront désormais utilisées sur les lieux même de
leur extraction.

Les diverses objections formulées contre la réforme
douanière ne nous paraissent donc pas fondées. Les taxes
compensatrices sont imposées par la situation financière actuelle de la Tunisie ; elles n'ont d'ailleurs
soulevé que de rares protestations.

---

(1) *Quinzaine coloniale*, art. cité.

Par la réforme douanière du 2 mai 1898, la Tunisie entre dans une phase économique nouvelle ; guidée par une administration habile et soucieuse de sa prospérité, elle poursuit méthodiquement sa marche vers l'union définitive avec la Métropole.

CONCLUSIONS

Malgré l'approbation beylicale, le nouveau régime douanier tunisien ne sera définitivement établi que lorsqu'il aura été accepté par les Chambres françaises. Le vote de cette sanction nécessaire est certain, car la réforme du 2 mai, qui crée une situation privilégiée à l'industrie et aux principaux produits de la Métropole, est de nature à satisfaire les tendances économiques du Parlement actuel. Mais le rôle de la France ne doit pas se borner à une consécration pure et simple : en échange des sacrifices consentis par son protectorat, il est juste que la nation protectrice se montre libérale à son tour et accorde un accès plus large et plus facile à l'importation tunisienne.

La loi du 19 juillet 1890, qui est la cause incontestable du prodigieux développement de la Régence, comme on l'a vu dans la première partie de cette étude, présente un double inconvénient : elle est strictement limitative sur la quantité d'abord, sur la nature ensuite, des produits bénéficiant de la franchise. Les négociants sont unanimes à déclarer qu'ils sont gênés dans les transactions commerciales par le manque de certitude de pouvoir exporter la totalité de leurs récoltes ou de leurs produits en magasins. Il leur est impossible, par exemple, de passer des marchés à livrer, puisqu'ils ne sont jamais sûrs qu'à l'époque fixée pour la livraison, le crédit ne se trouvera pas épuisé et l'exportation suspendue pour un temps plus ou moins long. En outre, les crédits d'exportation, établis d'après les statistiques officielles de la Résidence générale, s'inspirent aussi de la production métropolitaine et sont souvent bien inférieurs à la production tunisienne. « Le gouvernement français, écrivait un journal local à propos des crédits d'exportation de 1895-96, a fixé à 60.000 hectolitres la quantité de vins qui sera admise en France sous le bénéfice de la loi douanière : pourquoi 60.000 hectolitres, alors que la production totale a été de 160.000 à 170.000 hectolitres et que la consommation ne dépasse guère 40.000? Que fera-t-on des 60.000 ou 70.000 hectolitres qui ne sont pas consommés dans le pays et qui ne pourront pas être exportés en France? Les huiles ne sont guère mieux traitées que les vins; le crédit d'exportation a été fixé à 13 millions de litres, ce qui, cette année, représente à peu près la production du Sahel seul ! » (1).

On doit cependant reconnaître que le montant des crédits d'exportation est fixé, en général, avec plus de générosité et de logique. Ainsi, le décret présidentiel fixant la quantité de produits tunisiens qui pourront être admis en franchise à leur entrée en France, du 1er juillet 1897 au 30 juin 1898, limite à 175.000 hectolitres la quantité

(1) *Dépêche tunisienne*, janvier 1896.

des vins de raisins frais qui pourra bénéficier de la loi douanière de 1890 (1). Le crédit de 1895-96 a été singulièrement augmenté ; mais, comme la récolte du vignoble tunisien, très abondante cette année, est estimée à 256,000 hectolitres (2), il reste 40.000 hectolitres qui trouveront difficilement un placement rémunérateur.

L'heure est venue de mettre un terme à cette incertitude qui pèse sur la production. L'exportation tunisienne est surtout agricole ; les crédits d'exportatiou, qui ont rendu de grands services à la Tunisie, lorsque des obligations internationales s'opposaient à toute amélioration douanière dans les rapports commerciaux de la France et de son protectorat, sont aujourd'hui trop étroits : il faut les élargir ; bien plus, les supprimer et accorder la franchise sans limitation aucune, aux principaux produits de la Régence protégés par la loi de 1890.

Ne serait-il pas absurde que le gouvernement métropolitain continuât à limiter l'importation tunisienne en France, lorsqu'il s'efforce, par la récente création d'une Ecole d'agriculture à Tunis, d'obtenir du sol fertile de la Régence le rendement maximum ? « Les cours de l'Ecole, dit le *Journal des Débats*, commenceront dès le mois d'octobre 1898, et seront accompagnés d'exercices pratiques ; des essais de culture coloniale seront méthodiquement tentés, et le *Bulletin de la Direction de l'Agriculture* en publiera les résultats ; tout un groupe d'établissements s'est formé, depuis deux ans, autour

(1) Voir le décret concernant les importations des produits tunisiens. — *J. Off.* du 30 juin 1897.

(2) *Quinzaine coloniale.* — Art. cité.

du jardin d'expériences : station agronomique et météorologique, ferme des recherches, huileries d'essais ; l'École vient compléter cet ensemble qui constituera, dans les meilleures conditions, une sorte d'Université agricole ; il est clair que les spécialistes ainsi formés à la fois par la science et la pratique présenteront les garanties techniques les plus sérieuses et pourront trouver des capitalistes qui les commanditeront au grand bénéfice commun de nos ressources d'épargne et de nos colonies » (1).

La création de cet enseignement agricole, qui initiera nos colons aux méthodes culturales les plus perfectionnées, implique de la part de la Métropole la promesse tacite de faciliter l'écoulement de la production tunisienne, et d'abaisser encore les barrières douanières qui ferment les marchés français au commerce de la Régence, dès que les circonstances le permettraient.

D'ailleurs, dans un but de solidarité économique, n'est-il pas préférable que la France reçoive de son protectorat, plutôt que d'une puissance étrangère, les céréales, les vins, les huiles qu'elle ne récolte pas sur son sol en quantité suffisante pour la consommation de ses nationaux ?

Ainsi, notre pays demande annuellement à l'étranger 17 à 18 millions de kilogrammes d'huile d'olives, qui lui sont fournis surtout par l'Espagne et l'Italie. Or, en 1896, année de récolte moyenne en olives, la production de la Tunisie a été de 7 millions de kilogrammes d'huile environ ; sur cette quantité, 3 millions de kilos seulement

---

(1) *Journal des Débats* du 21 avril 1898.

ont été admis en franchise dans la Métropole; au delà de ce chiffre, les huiles tunisiennes ont été, comme les huiles espagnoles, soumises à notre tarif minimum.

La France, qui ne produit pas assez d'huile, doit donc faciliter l'accès de ses marchés aux huiles de la Régence, en les exemptant de tout droit d'entrée.

Les céréales et les vins tunisiens doivent être aussi admis en franchise dans la Métropole; il nous paraît désirable que la France soit tributaire de ses possessions nord-africaines, plutôt que de nations étrangères, pour ces produits de première nécessité.

Le protectionnisme français aurait mauvaise grâce à refuser l'extension de la loi de 1890 ; les tarifs de 1892 ne sont pas des droits fiscaux, ils sont destinés à protéger la production nationale contre la concurrence étrangère et non pas à procurer des ressources au Trésor. Or, nos colonies sont considérées actuellement comme une partie lointaine du territoire métropolitain, et leurs produits, en vertu de ce principe, ont droit à l'admission en franchise sur le marché français. D'ailleurs, la production de la Tunisie en vins et en céréales est trop faible pour faire une concurrence sérieuse à la production agricole de notre pays.

Nous concluons donc *à l'admission en franchise en quantité illimitée des produits déjà protégés par la loi de 1890*; mais la différence des tarifs français et tunisiens est un obstacle à l'extension de la franchise à *la totalité* des produits de la Régence, et l'exportation tunisienne non favorisée doit subir encore notre tarif minimum. Il serait, en effet, très difficile de constater par

des certificats d'origine la provenance régulière de
toutes les marchandises exportées ; la contrebande étrangère introduirait en France et en Algérie, par voie de
notre protectorat, les produits plus faiblement taxés par
le tarif tunisien que par le tarif français. La surveillance
méthodique, exercée depuis l'application de la loi de
1890 sur l'exportation tunisienne des produits jouis-
sant de l'exemption de droits d'entrée, peut s'étendre
facilement à ces mêmes articles importés en quantité
illimitée.

De même, sur la frontière commune à nos deux possessions nord-africaines, le gouvernement métropolitain
doit établir une rigoureuse surveillance douanière pour
empêcher soit l'introduction en Algérie de produits étrangers soumis en Tunisie à un tarif inférieur au tarif
algérien, soit le passage dans la Régence de marchandises françaises assujetties au tarif général tunisien.

L'extension de la loi française de 1890, dans les limi-
tes que nous venons de préciser, nous apparaît donc
comme le complément nécessaire du décret beylical de
1898 : admission en franchise dans la Métropole des
produits agricoles de la Tunisie, exemption de tout droit
d'entrée dans notre protectorat pour les produits de l'industrie française, tels sont les deux principes qui devraient
présider, à notre avis, aux futurs rapports commerciaux
de la France et de la Tunisie.

Ce régime, établi sur des concessions douanières réci-
proques des pays intéressés, ne serait que transitoire et
prendrait fin quand le développement économique de la
Régence nous permettrait d'atteindre le dernier terme de

cette lente évolution, l'extension à notre protectorat de la loi douanière du 11 janvier 1892.

Sans avoir la prétention de fixer avec exactitude la date si incertaine de cette union douanière, nous ferons cependant remarquer que, d'après les évaluations de M. Leroy-Beaulieu, le revenu net des forêts domaniales s'élèverait en 1905 à une somme supérieure à 1 million (1), et que la conversion de la dette tunisienne de 3 o/o en 2,75 o/o, possible dès 1902, rapporterait au Trésor beylical une économie annuelle d'un demi-million environ. Cette recette totale d'un million et demi permettrait au gouvernement du protectorat de supprimer les droits à l'exportation, qui, par des dégrèvements probables, seront inférieurs en 1905 à 1.273.000 francs, montant de ces droits dans le budget prévu de 1898.

De plus, par la dénonciation du traité italo-tunisien de 1896, révisable en octobre 1905, la France serait libre d'appliquer son tarif général à l'importation étrangère en Tunisie, sauf aux tissus de coton, protégés jusqu'en 1913 par une clause de la convention anglo-tunisienne de 1897 que le traitement de la nation la plus favorisée a étendu aux autres puissances.

C'est donc vers 1906 que notre protectorat tunisien, grâce à l'adjonction de ces nouvelles ressources aux taxes établies par le décret du 2 mai 1898, pourrait recevoir en franchise tous les produits métropolitains et, sans danger pour sa prospérité financière, se ranger définitive-

(1) Voir plus haut, p. 75.

ment sous le régime douanier de toutes nos colonies, le régime de l'assimilation.

De l'étude de l'évolution douanière de la Tunisie se dégagent aussi quelques conséquences relatives à la colonisation française.

Dans la discussion de l'article 4 du traité du Bardo, nous avons vu que le gouvernement français avait adopté l'interprétation défavorable à la souveraineté de la nation protectrice. Cette interprétation a eu non seulement des résultats fâcheux pour nos rapports commerciaux avec la Tunisie, mais elle a même modifié le caractère du système de colonisation par le protectorat.

En 1895, après la conquête de Madagascar, M. Hanotaux, ministre des affaires étrangères, proposa, dans le traité de Tananarive, l'établissement d'un protectorat « avec toutes ses conséquences » sur la grande île africaine. Il pensait éviter ainsi toute équivoque ; mais l'Angleterre et les Etats-Unis, malgré les termes significatifs de cette formule, s'autorisèrent du précédent établi par le traité du Bardo pour prétendre que ce mode de colonisation s'opposait à l'assimilation douanière de Madagascar, en vertu des conventions antérieures conclues avec ces puissances par le gouvernement malgache.

Le gouvernement français a écarté ces réclamations excessives en déclarant Madagascar possession française.

Cependant la France n'a pas voulu renoncer à une méthode de colonisation qui lui avait donné de si merveilleux résultats en Tunisie ; elle a eu recours au protectorat administratif, combinaison du protectorat proprement dit et de l'annexion. Dans ce système mixte, l'exercice extérieur de la souveraineté passe aux mains de la nation conquérante, tandis que l'exercice intérieur de la souveraineté est laissé aux pouvoirs locaux. Grâce à ce dédoublement de la souveraineté, les anciennes conventions anglo-malgaches ont été abrogées et le régime douanier institué pour les colonies françaises par la loi du 11 janvier 1892 a été étendu à l'île de Madagascar (loi du 16 avril 1897), tandis que l'administration intérieure de notre nouvelle conquête était laissée, comme par le passé, à la reine (1) et aux autorités hovas, mais sous le contrôle d'un gouverneur français.

Telle est la conception actuelle du protectorat, provoquée par l'opposition des puissances étrangères à l'union douanière de la France et de la Tunisie.

Le succès de notre œuvre colonisatrice en Tunisie ne doit pas être uniquement attribué aux avantages inhérents à la forme du protectorat ; il est dû aussi à l'initiative et à l'indépendance accordées par le pouvoir central aux Résidents généraux, qui ont organisé avec une si grande habileté notre domination dans la Régence. Ainsi la récente réforme douanière, préparée par une administration compétente, qui connaissait exactement la situation économique de notre protectorat, s'est effectuée d'une façon méthodique et rapide, sans les hésitations et les

---

(1) L'exil de la reine Ranavolo, convaincue de conspiration contre la domination française, n'a modifié en rien notre méthode de colonisation, poursuivie jusqu'à ce jour avec succès par le général Gallieni.

lenteurs inévitables du Parlement métropolitain trop éloigné.

Encouragée par l'expérience concluante de la Tunisie, notre administration coloniale s'est décidée, en 1897, à tenter un essai de décentralisation dans notre domaine indo-chinois, et les renseignements tout récents (1), fournis sur cet essai par notre Gouverneur général lui-même, sont très satisfaisants. M. Doumer constate que le dernier budget s'est soldé par 2 millions et demi d'excédent, et il affirme que cet excédent sera de 5 millions au prochain exercice, ce qui diminuera d'autant les charges de la Métropole.

Ces brillants résultats budgétaires nous font espérer que dans un avenir prochain, l'Indo-Chine, réalisant son autonomie administrative, ne demandera plus de sacrifices à la mère-patrie.

Pourquoi l'Algérie, comme la Tunisie et l'Indo-Chine, ne chercherait-elle pas à se suffire à elle-même? Dans son ouvrage sur l'Algérie et la Tunisie, M. Leroy-Beaulieu indique (p. 214 et suiv.) les ressources qui permettraient à nos gouverneurs généraux d'établir l'équilibre du budget algérien. Cette réforme épargnerait à la France une charge annuelle de 30 millions, elle serait suivie de l'établissement d'un régime de décentralisation administrative qui hâterait l'avènement d'une ère de progrès dans cette colonie trop étroitement liée à la Métropole.

Enfin, à notre époque, où le domaine colonial de la France s'agrandit chaque jour par la conquête de terri-

_____

(1) *Le Temps,* 22 octobre 1898,

toires inexplorés dans l'Afrique centrale et par l'expansion de nos possessions indo-chinoises, l'œuvre accomplie par la France en Tunisie doit nous rassurer sur la colonisation future de ces régions barbares ou à demi-civilisées et, en même temps, diminuer nos craintes sur les destinées économiques de notre pays.

Vu : *Le Président de la Thèse,*
J. CHARMONT.

Montpellier, le 22 novembre 1898.
Vu : *Le Doyen,*
VIGIÉ.

Vu et permis d'imprimer :
Montpellier, le 24 novembre 1898.
Le Recteur,
Ant. BENOIST.

ANNEXE I[1]

Décret concernant les importations des produits tunisiens

LE PRÉSIDENT DE LA RÉPUBLIQUE FRANÇAISE DÉCRÈTE :

Art 1er. – Sont fixées ainsi qu'il suit les quantités de céréales en grains, d'origine et de provenance tunisiennes, qui pourront être admises en franchise à leur entrée en France, du 1er juillet 1897 au 30 juin 1898, dans les conditions de la loi du 19 juillet 1890 :

Blé..........	600.000 quintaux métriques.	
Orge........	650.000 —	—
Avoine......	50.000 —	—
Maïs	40.000 —	—

Art. 2. — Sont fixées ainsi qu'il suit les quantités des produits ci-après dénommés, d'origine et de provenance tunisiennes, qui pourront être admises en franchise à leur entrée en France, du 1er juillet 1897 au 30 juin 1898, dans les conditions de la loi susvisée :

Espèce chevaline...........	1.000 têtes.	
— asine et mulassière...	1.000	—
— bovine	25.000	—
— ovine	30.000	—
— caprine	1.000	—
— porcine	2.000	—
Volailles vivantes ou mortes..	8.000 kilogr.	
Gibier vivant ou mort, sanglier	20.000	—
— — autre et tortues	2.000	—

(1) J. off. du 30 juin 1897.

Art. 3. — Est fixée à 175.000 hectolitres la quantité de vins de raisins frais, d'origine et de provenance tunisiennes, qui pourra être admise en France, du 1ᵉʳ juillet 1897 au 30 juin 1898, dans les conditions de la loi susvisée.

Art. 4. — Est fixée à 15 millions de litres la quantité d'huile d'olives et de grignons, d'origine et de provenance tunisiennes, qui pourra être admise à l'entrée en France du 1ᵉʳ décembre 1896 au 30 novembre 1897 (1).

(1) *J. off.* du **30** novembre. — Nous n'avons pu trouver dans les statistiques officielles un décret plus récent concernant l'importation en franchise des huiles tunisiennes en France.

ANNEXE II [1]

TABLEAU des marchandises françaises admises en franchise en Tunisie (autres que celles bénéficiant des exemptions résultant du tarif des douanes).

DÉSIGNATION DES MARCHANDISES

Animaux vivants.

Laines, y compris celles d'alpaga, de lama, de vigogne, de yack, de poils de chameaux et de chèvre, cachemire. } en masses teintes et blouses teintes. peignées ou cardées. peignées ou cardées teintes.

Soies ouvrées ou moulinées.

Sucres en poudre ou raffinés, y compris les candis.

Huiles pures d'olives, de ricin et de lin.

Vins provenant exclusivement de la fermentation de raisins frais, qui seront soumis au paiement d'une taxe fiscale de 10 % de leur valeur.

Eaux-de-vie, alcool pur et liqueurs.

Fer.................

Fontes de toute sorte.
Fers bruts en massiaux, prismes ou barres; fer étiré en barres; fer d'angle et à T; essieux et bandages bruts de forge; fer ou acier machine.
Feuillard en fer ou en acier.
Tôles et fers noirs.
Fer étamé fer-blanc), cuivré, plombé ou zingué.
Fils de fer ou d'acier, qu'ils soient ou non étamés, cuivrés, zingués ou galvanisés.
Paille de fer (copeaux de tréfilerie).
Rails de fer ou d'acier.
Acier en barres; essieux et bandages de roues, bruts de forge.
— en tôles ou bandes, brunes ou blanches.
— fin pour outils.
— filé, blanchi ou non.
Ferraille, débris de vieux ouvrages de fonte, de fer ou d'acier.

Cuivre..............

pur ou allié de zinc ou d'étain, de toute sorte.
bronze d'aluminium brut, ne contenant pas plus de 20 % d'aluminium.
doré ou argenté.

Etain sous toutes ses formes.

Zinc sous toutes ses formes.

(1) *Journal officiel tunisien*, 3 mai 1898, p. 324 et 325.

DÉSIGNATION DES MARCHANDISES

Fils de lin, de chanvre ou de ramie.
- purs, non polis, simples ou retors, écrus, blanchis ou teints.
- mélangés.

Fils de jute............
- purs, non polis, simples ou retors, écrus, blanchis ou teints.
- mélangés.

Fils de phormium tenax, d'abaca et d'autres végétaux filamenteux non dénommés, non polis, purs ou mélangés.

Fils polis, ficelles, cordages en chanvre, lin, jute, phormium tenax, abaca ou autres végétaux filamenteux non dénommés, purs ou mélangés, de toute sorte, goudronnés ou non.

Fils de coton pur.......
- simples ou retors, écrus, blanchis, teints, chinés ou glacés.
- retors, en échevettes ordinaires ou fabriqués, c'est-à-dire mis en pelotes, bobines, etc.
- chaînes ourdies, écrues, blanchies ou teintes.

Fil de coton mélangé.

Fils de laine..........
- simples ou retors, blanchis ou non, teints ou imprimés, peignés ou cardés.
- mélangés de filaments autres que la laine d'alpaga, de lama, de vigogne, de yack, et que le poil de chèvre cachemire ou de chameau.

Fils d'alpaga, de lama, de vigogne, de yack et de poils de chèvre cachemire ou de chameau, purs ou mélangés.

Fils de poils de chèvre mohair, de chameau et autres.

Fils de bourre de soie (fleuret) écrus, blanchis, azurés ou teints, simples ou retors.

Fils de soie à coudre, à broder, à passementerie, mercerie et autres, écrus ou teints.

Fils de bourrette (fils de déchets de bourre de soie) simples ou retors.

Fils de soie artificielle, simples, retors, écrus ou teints, purs ou mélangés.

Tissus de lin, de chanvre ou de ramie, purs, unis ou ouvrés, écrus, blanchis, imprimés, teints ou ouvragés.

Tissus de lin, de chanvre ou de ramie purs.
- Toile cirée et linoleum (y compris le linoleum sur jute) ; toile préparée pour peinture ; toiles et linge de table damassés, de toute sorte coutils de toute sorte ; passementerie, rubanerie et sangles en ficelle, de toutes nuances ; bonneterie ; dentelles et guipures ; mouchoirs brodés et autres broderies sur tissus de lin, de chanvre ou de ramie ; velours et peluches de lin pour ameublement, de toutes nuances.

Tissus de lin, de chanvre ou de ramie mélangés.

Tissus de jute.........
- purs, écrus, blanchis, teints ou imprimés.
- mélangés, le jute dominant en poids.
- Sacs ayant servi, importés vides et sacs neufs.

DÉSIGNATION DES MARCHANDISES

Tissus de jute purs...... {
Tresses en fils de jute ; semelles en fils de jute ; passementerie, rubancrie, lacets ; tapis ras ou à poils : velours et peluches pour ameublement de toute sorte.

Tissus de phormium tenax, d'abaca et d'autres végétaux filamenteux non dénommés.

Tissus de coton purs, unis, croisés et coutils écrus, blanchis, teints ou imprimés pour les impressions.

Tissus de coton purs... {
Percaline enduite pour relure, cartonnage, maroquinerie teinte ou imprimée.
Velours lisses, dits «façon soie» et velours autres (à côtes, moleskines, etc.).

Tissus de coton pur ou mélangé............ {
unis, croisés et coutils fabriqués en tout ou en partie avec des fils blanchis, teints, écrus glacés, blanchis glacés, teints glacés.
brillantés ou façonnés, fabriqués en tout ou en partie avec des fils blanchis, teints, écrus glacés, blanchis glacés ou teints glacés.

Autres tissus de toute sorte en coton pur ou mélangé (piqués, couvertures et couvre-pieds en piqué et reps : basins, damassés et linge de table ; tulles-bobinots ; couvertures ; dentelles et articles de fantaisie : passementerie ; rubanerie ; tulles unis ; rideaux de mousseline brodée, de tulle-application, de grenadine, de tulle brodé : mousselines brochées ou bordées au crochet (pour ameublement ou pour vêtements, fabriqués en tout ou en partie avec des fils blanchis, teints ou glacés.

Tissus de coton pur.... {
brillantés ou façonnés, écrus, blanchis ou teints.
piqués, couvertures et couvre-pieds en piqué ou reps ; basins, damassés et linge de table : tulles-bobinots pour rideaux, couvre-lits, couvre-édredons, voiles de fauteuil. etc. ; couvertures ; bonneterie de coton : fil perse, béraudine, purs ou mélangés : dentelles à la mécanique ; tulles-bobinots ou guipures en bandes ou laizes, blondes, tirettes, cordonnets, trimmings, tallings et généralement tous articles de fantaisie autres que les tulles-bobinots pour rideaux, couvre-lits ; dentelles à la main ; passementerie : rubanerie, tulles proprement dits ; plumetis et gazes façonnés ; rideaux de mousseline brodée; rideaux de tulle-application, de grenadine, de tulle brodé ; mousselines brochées ou brodées au crochet pour ameublements et vêtements.
blanchis. teints ou imprimés non spécialement tarifés.
Mèches de lampes et mèches tressées pour bougies.
Lames en fils retors pour tissage, vernies ou non.
Toiles cirées de toute sorte.

Tissus de coton mélangé notamment......... {
La peluche de soie mélangée de coton; les étoffes de soie; bourre de soie et coton et autres; la rubanerie mélangée de soie et autre; la passementerie mélangée de soie et autre.

DÉSIGNATION DES MARCHANDISES

Tissus de coton: filets de pêche en coton, lin, chanvre, jute et autres végétaux filamenteux.

Tissus de laine pure...

Draps, casimirs et autres tissus foulés et tissus
ras non foulés (étoffes pour ameublement;
moire; tissus pour habillement, draperies et
autres).

Tapis persans, indiens, à point noué ou enroulé et
imitations; tapis turcs; tapis à la Jacquard, unis
ou imprimés et tous autres.

Bonneterie (ganterie et tous autres objets, y compris les vêtements ou parties de vêtements,
ajustés ou non).

Passementerie; rubanerie; chechias ou bonnets
rouges; tapisser es; dentelles et guipures; châ-
les brochés ou façonnés autres que les cache-
mires de l'Inde et que la bonneterie; toiles à
blutoir sans couture; couvertures; chaussons
de lisière et chaussons fourrés dits «de Stras-
bourg»; lisières de drap; velours pour ameublement.

Tissus de laine mélangée

Serge de Berry (lasting) chaîne laine, trame coton.

Draps, casimirs et autres tissus foulés, *chaine
coton*, tissus ras non foulés, *chaîne coton*.

De soie ou de toutes autres matières.

Tapis de laine mélangée d'autres matières, quelle
que soit la proportion du mélange.

Bonneterie.

Tissus de poils de chèvre purs ou mélangés, fabriqués à la main ou au
métier.

Autres tissus de poils, purs ou mélangés d'autres filaments.

Tissus de crin pur ou mélangé.

Tissus de soie, debourre de soie et tissus de toutes sortes en soie artificielle. ....

Tissus et foulards de soie pure; crêpes, tulles et
passementerie de soie pure; tissus pongés;
corahs et tussahs ou tussor; dentelles de soie
ou de bourre de soie; tissus et passementerie
de bourre de soie pure; tissus de bourrette
pour ameublement; tissus de soie mélangée de
bourre de soie; tissus de soie ou de bourre
de soie mélangée d'autres matières textiles;
bonneterie, y compris les vêtements ou partie
de vêtements ajustés ou non; tissus et passementerie de soie ou de bourre de soie avec
or ou argent vrai ou faux; rubans de soie ou
de bourre de soie pure ou mélangée d'autres
matières textiles.

Tissus de toute sorte en soie artificielle, purs ou
mélangés.

DÉSIGNATION DES MARCHANDISES

Broderies et vêtements.
Broderies sur tissus de toute nature ou sur tulles, à la main ou à la mécanique.
Vêtements, pièces de lingerie et autres articles accessoires du vêtement en tissus confectionnés en tout ou en partie.
Cravates, cols-cravates de toute espèce de tissus et de toutes formes, confectionnés en tout ou en partie.
Articles confectionnés autres.

Machines et mécaniques.
Machines motrices à vapeur et autres, de toute sorte.
Chaudières à vapeur.
Pièces détachées et organes de toute sorte.

Ouvrages divers en métaux.
Lampes à arc, dits «régulateurs».
Outils emmanchés ou non.
Caractères d'imprimerie.
Toiles métalliques; grillages en fer ou en acier; tôles perforées.
Aiguilles; broches à tricoter et autres objets analogues.
Crochets, poinçons, agrafes, hameçons, plumes, coutellerie.
Cylindres pour impression.
Statues en métal de grandeur naturelle au moins.
Ouvrages en fonte moulée; objets bruts en fonte malléable, en fer ou en acier coulé; ferronnerie; ferrures de voitures; serrurerie.

Ouvrages divers en métaux.
Ancres, câbles et chaînes.
Buscs et ressorts pour toilette; montures de parapluies.
Clous et pointes, vis, pitons, boulons, rivets et autres articles de boulonnerie et de visserie, bouchons mécaniques.
Tubes en fer ou en acier.
Articles de ménage et tous autres articles en fer, en acier ou tôle noire, non dénommés.
Moulins à café avec boîtes en bois, en fonte ou en tôle; articles d'économie domestique : presse-viande, hache-viande, presse à confitures, petites pompes de ménage.
Appareils inodores à tirage ou à bascule, réservoirs de chasse.
Douclorie pour sellerie, ferrures et accessoires de harnachement.
Ouvrages en cuivre pur ou allié de zinc ou d'étain, et notamment la chaudronnerie, les objets d'art et d'ornement (émaux cloisonnés et bronzes), les articles de lampisterie et de ferblanterie ouvragés.
Tuyaux et autres ouvrages en plomb de toute sorte.
Accumulateurs électriques.

DÉSIGNATION DES MARCHANDISES

Ouvrages divers en mé- taux.	Poteries et autres ouvrages en étain pur ou allié d'ant moine. Ouvrages en zinc de toute espèce. Ouvrages en nickel allié au cuivre ou au zinc (maillechort) ou en métaux nickelés.
Carrosserie..	Voitures pour voies non ferrées de toute sorte. Voitures de voies ferrées, garnies ou non, pour chemins à voie étroite et pour chemin à voie ordinaire. Caisses ou parties de caisses de voitures ou de wagons pour chemins de fer et voitures de tramways.
Agrès et apparaux de navires....	en métaux. en tissus.

BIBLIOGRAPHIE

BOMPARD. — Législation de la Tunisie. Paris 1888.

BOUCHIÉ DE BIELLE. — Le nouveau régime douanier des colonies (*Journal des Économistes*, 15 octobre 1892, t. XII, p. 19, et 15 novembre 1893, t. XVI, p. 161).

CAUWÈS. — Traité d'économie politique, 3me édit., t. II. Paris 1892.

DESPAGNET. — Essai sur les Protectorats. Paris 1896.

ENGELHARDT. — La situation de la Tunisie en droit international (*Rev. de droit internat. et de législation comparée*, 1881, p. 331).

ESTOURNELLES DE CONSTANT (baron d'). — (Pseudonyme P. H. X.). — Les débuts d'un Protectorat (*Rev. des Deux-Mondes*, 15 février et 15 mars 1887).
La politique française en Tunisie; le Protectorat et ses origines. Paris 1891.

FOUCHER. — De l'évolution du Protectorat de la France sur la Tunisie, thèse. Paris 1897.

FOURNIER DE FLAIX. — Les progrès et les desiderata de la Tunisie (*Économiste français*, 1893, t. I, p. 205).

GAIRAL. — Le Protectorat international. Paris 1896.

GIRAULT. — Principes de colonisation et de législation coloniale. Paris 1895.

HANOTAUX. — Le traité de Tananarive (*Rev. de Paris*, 1er janvier et 15 avril 1896).

JONNART. — Discours sur la loi douanière du 19 juillet 1890 (*J. off.* Ch. des dép. Déb. parl. Sess. ord. 1890, p. 1298).

LANESSAN (de). — La Tunisie. Paris 1887.

LEROY-BEAULIEU (Paul). — L'Algérie et la Tunisie, 2ᵐᵉ édit. Paris 1897.

De la colonisation chez les peuples modernes, 4ᵐᵉ édit. Paris 1891.

Le traité italo-tunisien et le traité anglo-tunisien (*Economiste français*, t. I, 1896, p. 505).

LEROY-BEAULIEU (Pierre). — Les colonies anglaises (*Rev. des Deux-Mondes*, janvier 1897).

LEVASSEUR. — L'œuvre administrative de la France en Tunisie (*Rev. générale des Sciences*, 1896, p. 1182).

ORGEVAL (d'). — Le régime douanier de la Tunisie (*Annales de l'Éc. lib. des sciences politiques*, 1889, p. 612).

PETIT. — Organisation des colonies françaises et des pays de protectorat. Paris 1894.

PIC. — Influence de l'établissement d'un Protectorat sur les traités antérieurement conclus avec les puissances tierces par l'État protégé (*Rev. gén. de droit internat. public*, 1896, p. 613).

PILLET. — Des droits de la puissance protectrice sur l'administration de l'État protégé (*Rev. gén. de droit internat. public*, 1895, p. 583).

POUGNADORESSE (de). — La Justice française en Tunisie, thèse. Montpellier 1897.

ROCHETTE. — Étude sur les rapports commerciaux de la France et de ses colonies, thèse. Paris 1897.

ROUGIER. — Précis de législation et d'économie coloniales. Paris 1895.

THOMSON. — Rapport à la Commission des Douanes (*J. off.* Ch. des Dép. Doc. parl., 1891, p. 897).

TURREL. — Rapport fait au nom de la Commission du Budget sur la situation économique des colonies françaises (*J. off*. Ch. des Dép. Doc. parl. 1895, p. 1393).

Publications diverses. — *Carthage*, *Tunis*. Ouvrage publié par l'Association française pour l'avancement des sciences (25ᵉ session), 2 vol., Paris 1896.

La Tunisie. Publication officielle, 4 vol., Paris 1896.

Rapport sur la situation de la Tunisie en 1896. Ministère des affaires étrangères. Paris 1897.

TABLE DES MATIÈRES

Montpellier. — Impr. Serre et Roumégous, rue Vieille-Intendance, 5.

Commerce de la Tunisie de 1875 à 1889.

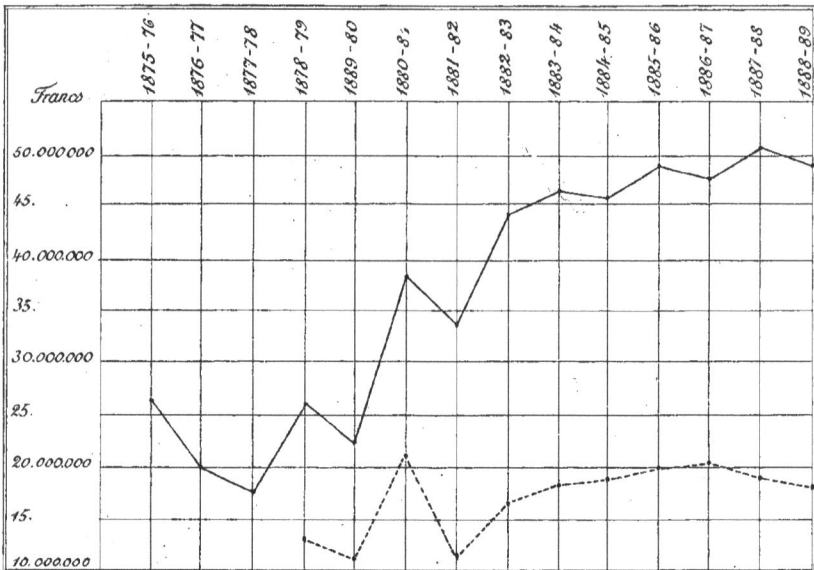

—————— Commerce total de la Tunisie (Exportations et Importations réunies)
------------ Commerce d'exportation de la Tunisie.

GRAPHIQUE Nº 2

Part respective de la France, de l'Algérie et de l'Italie dans le Commerce d'Exportation de la Tunisie.

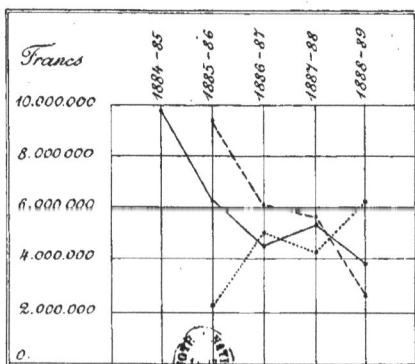

—————— Exportations tunisiennes en France
.... id. id. en Algérie
------------ id. id. en Italie

Commerce de la Tunisie (1887-90).

EXPORTATIONS

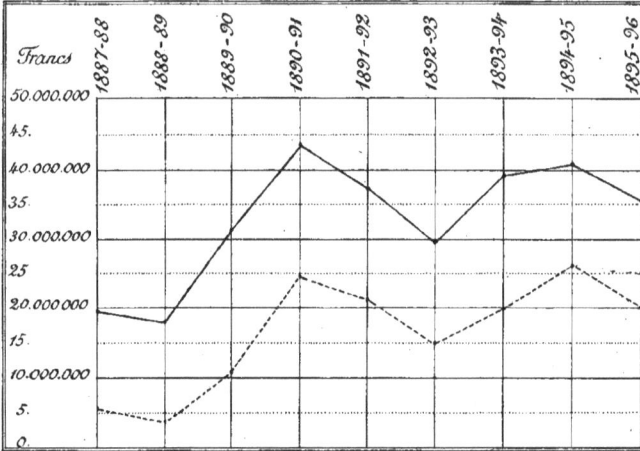

IMPORTATIONS

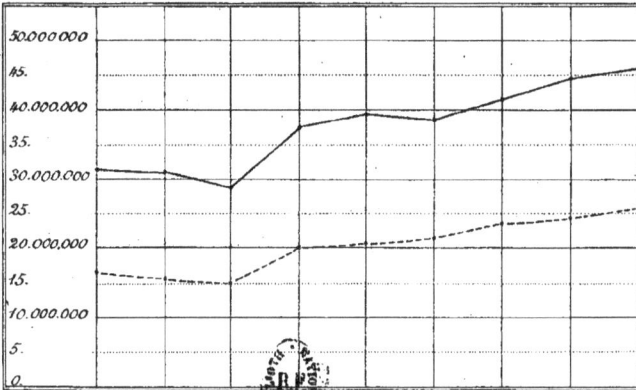

————— Commerce de la Tunisie.

- - - - - - Part de la France.